Le Sénat, paradis fiscal pour des parlementaires fantômes

Éditions du Rocher
28, rue Comte Félix Gastaldi - BP 521 - 98015 Monaco

www.editionsdurocher.fr

ISBN : 978-2-268-07749-9

Yvan Stefanovitch

Le Sénat, paradis fiscal pour des parlementaires fantômes

éditions du
ROCHER

Du même auteur

Un assassin au-dessus de tout soupçon, Balland, 1984, et J'ai Lu, 2014.

Des affaires très spéciales, avec Jacques-Marie Bourget, Plon, 1986.

Chirac et dépendances, avec Jean-François Probst, Ramsay, 2002.

L'Empire de l'eau, Suez, Bouygues et Vivendi, Argent, politique et goût du secret, Ramsay, 2005.

Aux frais de la princesse. Enquête sur les privilégiés de la République, J.-C. Lattès, 2007, et Nouveau Monde, 2011.

Bertrand le Magnifique. Enquête au cœur du système Delanoë, Flammarion, 2008.

Le Sénat. Enquête sur les super-privilégiés de la République, avec Robert Colonna d'Istria, édition du Rocher, 2008.

Régions, le grand gaspi, avec Robert Colonna d'Istria, éditions du Rocher, 2010.

La Caste des 500. Enquête sur les princes de la République, J.-C. Lattès, 2010.

Les Profiteurs du développement durable, Presses de la Cité, 2011.

Défense française : le devoir d'inventaire. Enquête sur les faiblesses de l'armée et les milliards gaspillés par l'État, éditions du Moment, 2013.

Histoire secrète de la corruption sous la Ve République, sous la direction d'Yvonnick Denoël et Jean Garrigues, en collaboration avec Renaud Lecadre, Matthieu Pelloli, Jean-Paul Philippe, Noël Pons et Jean-Michel Verne, Nouveau Monde, 2014.

Rentiers d'État. Enquête, éditions du Moment, 2015.

Information de l'éditeur

Le 23 juin 2016, à 14 h 50, une quarantaine de sénateurs, sur 348, ont autorisé par un vote à main levée (l'identité des votants reste secrète) et sans débat, le président du Sénat, Gérard Larcher, à déposer plainte pour diffamation publique, au nom de la Haute Assemblée, contre l'auteur de cet ouvrage. Dans une courte intervention liminaire, le même président a souligné : « Le Sénat, je le rappelle et je le réaffirme, à titre personnel et au nom du Sénat, a toujours été le défenseur des libertés publiques et individuelles, notamment de la liberté d'expression et de la liberté d'information. Toutefois, cet ouvrage m'a paru dépasser les limites de l'acceptable. » Considérant que ce livre porte atteinte « à l'honneur et à la considération du Sénat », Gérard Larcher doit demander, en application de l'article 48, 1°, de la loi du 29 juillet 1881 sur la liberté de la presse, l'engagement de poursuites pour diffamation publique envers le Sénat, corps constitué, délit prévu et réprimé par les articles 23, 29, alinéa 1, et 30 de ladite loi. Pour la première fois depuis plus de deux siècles, une assemblée parlementaire française poursuit ainsi un journaliste en justice pour avoir publié un livre.

Prologue

La Bulle de la République, enquête sur le Sénat, de Claude Lévy (Calmann-Lévy, 2006), *Le Sénat. Enquête sur les super-privilégiés de la République*, d'Yvan Stefanovitch (Éditions du Rocher, 2008) et *La Bataille du Sénat*, de Suzette Bloch et Françoise Cariès (Robert Laffont, 2011) ont les premiers dévoilé petits et grands secrets du Sénat. Tous écrits entre autres par des journalistes ou anciens journalistes de l'AFP, ces livres ont mis en relief les avantages exorbitants octroyés dans la plus grande discrétion aux sénateurs, et accordés aussi, pour leur fermer les yeux, aux fonctionnaires du Sénat. Ils montraient qu'étaient bien partagés revenus mirobolants, temps de travail dérisoire, primes inconsidérées et souvent cachées, retraites dorées, appartements et voitures de fonction à gogo, absence totale de contrôle de l'assiduité des parlementaires, etc.

Quelques réformettes plus loin n'ont pas révolutionné la vie quotidienne au palais du Luxembourg. En effet, le Sénat s'arc-boute à sa bonne réputation dans notre pays qui semble allergique aux réformes. En matière législative, pour l'information et le contrôle du gouvernement, les rapports de la Haute Assemblée sont souvent de bonne tenue, ses fonctionnaires ont – à juste titre – la meilleure réputation, et les quelques dizaines de sénateurs qui font tourner l'institution, notamment à la commission des Finances, à la commission des Lois ou à celle des Affaires sociales, accomplissent de l'excellente besogne. Fonctionnaires ou élus, le Sénat a toujours été riche de personnalités de grande valeur. Quand, par exemple, à l'automne 2015, le président du Sénat a eu à désigner un membre du Conseil constitutionnel, il n'a eu aucune peine à le trouver parmi les sénateurs. Il a choisi Jean-Jacques Hyest, ancien fonctionnaire territorial, élu LR (Les Républicains) de Seine-et-Marne, longtemps président de la commission des Lois : il était vraiment digne des plus hautes institutions de la République.

Ceux qui prétendent excuser ou minimiser le relatif sommeil de la Haute Assemblée, sa relative apathie – notamment son manque de pugnacité si on compare le travail du Sénat français avec le style des auditions des commissions d'enquête du Sénat américain –, ceux-là avancent un autre argument. Le Sénat coûte bien peu par rapport à l'ensemble des budgets publics. Les gaspillages des sénateurs sont dérisoires par rapport à d'autres gabegies. Et dérisoires si on considère qu'une deuxième chambre parlementaire est une des conditions de la démocratie ; une manière de représenter les collectivités territoriales. Répétés d'âge en âge, et de République en République, les privilèges du Sénat semblent survivre grâce à cet argument imparable : la nécessité du bicamérisme. Dans la tradition française, la deuxième Chambre du Parlement est la garantie de ne jamais sombrer sous la dictature d'une assemblée unique.

Convention et Terreur ont laissé de mauvais souvenirs. Aussi le Sénat se présente-t-il, à bon droit, comme un contrepoids à l'Assemblée nationale, et comme un outil qui renforce le contrôle du pouvoir exécutif ; pourquoi tout cela n'aurait-il pas un prix ? En l'occurrence pas fantastiquement élevé.

Qu'est-ce qu'un budget de 350 millions d'euros, ce que coûte le Sénat chaque année ? Une paille, assurent les défenseurs du Sénat. C'est, par exemple, un tiers du budget de la Ligue 1 de football – où les salaires des joueurs professionnels, leurs caprices et leur coût ne font pas autant de bruit que les privilèges et avantages des sénateurs... Ou bien le tiers de ce qu'a coûté, en pure perte, la suppression de l'écotaxe, décidée par Ségolène Royal contre l'avis unanime du Parlement. 350 millions d'euros, c'est environ six fois moins que le total des aides de l'État à la presse (1,8 milliard d'euros en 2010 ; il s'agit bien ici d'argent public, qui va à des entreprises privées et qui doit bien aussi alimenter quelques turpitudes...). 350 millions d'euros, ce n'est seulement que 1 % de l'effort de la nation pour la formation professionnelle (environ 32 milliards d'euros en 2011). Une activité essentielle, dont on parle bien peu, mais où il serait surprenant, avec ces chiffres-là et les centaines de milliers de personnes qui en vivent, qu'on n'y trouve pas également, et en plus grande quantité qu'au Sénat, quelques gabegies...

Donc au Sénat, admettent les inconditionnels du palais du Luxembourg, il subsiste sans doute des privilèges. Il y a certainement des situations perfectibles, des gaspillages, pourquoi pas des scandales. Soit. Mais il est nécessaire de protéger la Haute Assemblée. Elle joue un rôle vital dans les institutions et, tout bien considéré, ne coûte pas si cher.

Les amis du palais du Luxembourg s'insurgent contre un sport médiatique national : le « *Sénat bashing* » qui relaie ainsi ou suscite une opinion publique facilement populiste et antiélitiste, friande d'antiparlementarisme primaire. L'expression est de Bruno Retailleau, sénateur de la Vendée, président du conseil régional des Pays de la Loire et du groupe LR au Sénat. Chamfort avait déjà noté qu'« en France, on laisse en repos ceux qui mettent le feu, mais on persécute volontiers ceux qui sonnent le tocsin ».

À un an de la présidentielle de 2017, à un moment où les électeurs sont devenus complètement désabusés par le comportement des politiques, qu'en est-il des privilèges et super-privilèges des hôtes du palais du Luxembourg ? Droite et gauche se sont succédé aux commandes de la Haute Assemblée ; ont-elles été conscientes que l'image du Sénat était particulièrement écornée et que sa survie était même en jeu ? Ont-elles en quoi que ce soit, l'une ou l'autre, amélioré la situation ? À deux reprises président du Sénat (de 2008 à 2011 et depuis 2014), Gérard Larcher, qui tient un discours réformateur et se glisse volontiers dans les habits d'un « chevalier blanc », a-t-il, comme il s'y était engagé, amélioré le fonctionnement, la transparence de cette institution et l'assiduité de ses membres ? Ou bien s'est-il borné à des dispositions cosmétiques, qui se heurtent aux vieilles et mauvaises habitudes des élus, et au corporatisme terrible des fonctionnaires qui, en protestation contre les réformes, sont allés – fait rarissime – en novembre 2010 jusqu'à provoquer une grève ? A-t-il effectivement réformé le Sénat ou bien s'est-il borné à un effet d'annonce, se contentant d'affirmer qu'il était nécessaire de le réformer ?

Ces interrogations, qui sont la matière de ce livre, répondent à deux séries de critiques. Les unes sur le Sénat. Les autres sur la situation générale de la société française à un an de la présidentielle. Avec en filigrane, à l'heure où la transparence des institutions et leur exemplarité deviennent la condition nécessaire pour retrouver la confiance des électeurs, la question de savoir si les institutions de la France sont adaptées à notre époque, et si elles sont de taille pour répondre à la montée irrésistible du populisme.

Pour l'homme de la rue, la question est réglée : le Sénat ne sert à rien. Ou à pas grand-chose. 56 % des Français estiment son rôle « peu important » ou « pas important du tout » ; 78 % réclament la réforme en profondeur, voire la suppression pure et simple d'une assemblée qu'ils jugent coûteuse, opaque et, au fond, inutile (sondage IFOP/ *JDD* février 2015). La caricature affleure… Le Sénat est un ramassis de vieux croûtons, profiteurs et paresseux, qui dans des bâtiments parfaitement anachroniques – les fameux ors de la République – gaspillent l'argent du contribuable, brassent de l'air et ne produisent pas grand-chose.

La solution est simple, évidente : faire disparaître ces parasites coûteux et inutiles, supprimer le Sénat.

S'ils ne militent pas en faveur de la même proposition radicale, beaucoup d'hommes politiques ou d'observateurs chevronnés suggèrent des conclusions qui n'en sont guère éloignées. Et si personne ne conclut, bille en tête, à la suppression du Sénat, ce n'est pas l'envie qui manque, bien souvent, de proposer sinon la disparition du bicamérisme en France, du moins sa transformation en profondeur. Exemple : en octobre 2015 les propositions « sénatocides » du groupe de travail « Refaire la démocratie » sur l'avenir des institutions coprésidé par Claude Bartolone, président de l'Assemblée nationale, et l'historien Michel Winock. Associant 12 parlementaires et 11 personnalités qualifiées, ce groupe suggère la suppression du Sénat, plus précisément sa fusion avec le Conseil économique et social et environnemental (CESE). Et la réduction drastique du nombre des membres d'une assemblée unique représentant les territoires et les « forces actives du pays ».

Le Sénat attire des critiques spécifiques – voire provoque de l'agacement – pour plusieurs raisons.

D'abord parce qu'élus au suffrage universel indirect par les maires, conseillers municipaux, départementaux et régionaux, les sénateurs ressemblent à des membres d'un club qui se coopteraient entre eux. Les électeurs citoyens contribuables ont l'impression déplaisante de n'avoir, à l'inverse de l'Assemblée nationale, aucune prise sur le Sénat. Ces citoyens peuvent penser qu'une fois élus – et élus par des élus –, les sénateurs n'en font qu'à leur guise, et peuvent se borner, pour se faire réélire, à soigner à coup de « subventions » sénatoriales leurs « grands électeurs », forcément moins exigeants qu'un citoyen de base... Coupés du suffrage universel, les sénateurs sont davantage exposés au désœuvrement, et aux critiques des électeurs.

Autre raison qui explique la défiance inspirée par le Sénat : le secret qui entoure son fonctionnement. Si la « situation matérielle des sénateurs » est par exemple décrite sur le site électronique de l'institution, elle garde beaucoup de secrets... La plupart des décisions de la maison se prennent en toute opacité, loin de tout contrôle, selon des procédures mystérieuses. Et le palais du Luxembourg reste un subtil mélange du Kremlin, de la cité du Vatican, du palais du Peuple de Brazzaville et du grand-duché de Gerolstein. Qui vit moins au service de l'intérêt général que, loin de tout contrôle réel, au service du confort et de l'agrément de ses membres qui ne pensent qu'à une chose : être réélus, durer.

Le coût réel de l'institution, son apport effectif à la vie publique, le travail concret des élus, tout cela reste encore bien mystérieux. Il est vrai que des pans entiers de l'administration n'offrent pas davantage de transparence. Des milliers de fonctionnaires et des millions d'euros échappent, de fait, à tout contrôle de l'opinion, voire à tout contrôle parlementaire. Mais les sénateurs pâtissent d'une image de cumulards professionnels, qui monopolisent souvent responsabilité locale et mandat national, confortablement installés dans un palais royal, au cœur d'un des plus beaux jardins de Paris, qui auraient su perpétuer, au XXIe siècle, pratiques et avantages de l'Ancien Régime. Où, ailleurs qu'au Sénat, trouve-t-on encore des « dignitaires » ? Pour ces raisons, on est moins enclin à lui pardonner ses vices ou simplement ses égarements.

D'autant que les sénateurs ont parfois tendance à tendre le bâton pour se faire battre. Bernard Saugey, 72 ans, haut dignitaire de la GLNF (Grande Loge nationale française), n'occupe pas aujourd'hui son poste consensuel de premier questeur du Sénat par hasard. Ce personnage peu connu du grand public, sorte de ministre des Finances de la Haute Assemblée, a été élu à l'issue d'une élection primaire, au sein de l'UMP, à bulletins secrets contre deux concurrents : le Parisien et très sarkozyste Pierre Charon, et le Lyonnais François-Noël Buffet. Bernard Saugey reste aujourd'hui président d'honneur de la fraternelle maçonnique regroupant environ 400 députés, sénateurs, leurs collaborateurs et fonctionnaires des deux assemblées.

Franc-maçon le plus connu de Grenoble, mais personnage très secret, Bernard Saugey donne tout, sauf une image de la transparence au palais du Luxembourg. Cet actuel premier questeur du Sénat n'a pas craint de se déclarer « très heureux que le budget de la Haute Assemblée fût opaque, sans quoi les gens pourraient se livrer à des remarques “idiotes” », propos recueillis dans un documentaire intitulé *Nos très chers sénateurs*[1]. L'étude soigneuse du curriculum vitae de Bernard Saugey, la consultation des archives de la presse locale et

1. France 3, émission *Pièces à conviction*, janvier 2015.

l'interview de journalistes régionaux amènent non pas à des *remarques idiotes,* mais éclairent le double jeu constant de ce sénateur. Il était à la fois journaliste puis patron de presse du groupe Hersant (en situation de monopole en Rhône-Alpes) et élu aux côtés d'Alain Carignon dans l'Isère. Double cursus qui a longtemps provoqué un conflit d'intérêts entre ses fonctions de direction dans le groupe Hersant et ses mandats politiques locaux ou nationaux.

Illustration : élu à 30 ans en 1973 (jusqu'en 2011) conseiller général UDF du canton de Heyrieux (Isère), Bernard Saugey devient député de l'Isère en 1993 à 50 ans, puis, depuis 2001, sénateur UMP. Parallèlement et sans que cela provoque le moindre problème, il est successivement attaché à la direction du groupe du *Dauphiné libéré* (1972-1980), directeur régional du même journal à Grenoble (1982-1989), directeur général du *Progrès de Lyon* (1989-2000), à partir de 2001 conseiller du président de la Socpresse (propriétaire du *Progrès de Lyon* et du *Dauphiné libéré* rachetés en 2006 par le sénateur UMP Serge Dassault, puis en 2009 par le Crédit Mutuel). Propriété du groupe de Robert Hersant (député UDF de l'Oise décédé en 1996) comme le *Progrès de Lyon* depuis 1983, *Le Dauphiné libéré* vendait quotidiennement 250 000 exemplaires et était à juste titre dénoncé pour sa bienveillance à l'égard d'Alain Carignon, maire RPR de Grenoble de 1983 à 1995. Petit exemple du mélange des genres un peu douteux : à l'époque, le conseiller général de l'Isère, Bernard Saugey, était aussi patron du seul quotidien régional, *Le Dauphiné libéré.*

Le futur sénateur fréquentait par force Alain Carignon, maire de Grenoble depuis 1983, président du conseil général de ce département de 1985 à 1997. Bernard Saugey lui a succédé à la tête du département de 1998 à 2001. À l'époque, l'ancien ministre et député-maire RPR de Grenoble Alain Carignon a été incarcéré pendant deux ans et demi, suite à sa condamnation en 1996 pour corruption dans l'affaire de la privatisation de la distribution de l'eau à Grenoble. Après la libération de l'ancien ministre, Bernard Saugey a tenté en 2007, lors d'un déjeuner à son propre domicile, de relancer son ami Alain Carignon dans la course à la mairie de Grenoble et à la députation. En vain…

Derrière son sourire malicieux et sa moustache « à la Astérix », son lobbying intensif pour la chasse et la trufficulture, cet ancien jeune reporter de *l'Écho-Liberté* à Lyon cultive deux marottes avec un culot inaltérable. Face aux micros des radios et aux caméras de télévision, le sénateur adversaire très officiel de toute transparence au Sénat défend bec et ongles depuis plus de trente ans la liberté de la presse et la protection des sources des journalistes face aux juges d'instruction. Il est interdit d'en rire ! Aujourd'hui au Sénat, Monsieur le premier questeur, logé dans un hôtel particulier datant du XVIe siècle, n'a qu'une maxime à la bouche face aux journalistes : circulez, y a rien à voir… Une chose est sûre : en choisissant Bernard Saugey comme premier questeur, la majorité de droite au Sénat a trouvé la meilleure personne pour ne pas faire progresser la transparence au palais du Luxembourg.

Interrogé par lettre, Bernard Saugey a répondu à tout ce que nous abordons ici (cf. annexe 3).

Troisième explication des critiques subies par la Haute Assemblée : l'intuition que le Sénat pourrait rendre les mêmes services au pays, en coûtant beaucoup moins cher. Trop grand nombre de sénateurs, absentéisme chronique, cumul des mandats, tout cela, estime-t-on, doit pouvoir se réformer. On doit pouvoir être beaucoup plus efficace tout en faisant des économies. Et si on ne le fait pas, pense-t-on, c'est que toute réforme porterait atteinte aux avantages de quelques-uns, du « système », pour se réfugier derrière de grands mots… Tout le monde sait bien – ou sent bien, ou pressent – que 100 sénateurs (soit un par département), par exemple, seraient beaucoup plus efficaces que le nombre actuel. Que faire, si on prenait ce parti, des 250 élus qui resteraient sur le carreau ? Que de problèmes pour les formations politiques qui vivent financièrement des cotisations versées par ces élus (10 % en moyenne de leur indemnité parlementaire) ! Qui pourra jamais prendre une mesure de cet ordre ?

De toute façon, le Sénat serait sans doute plus efficace, mais avec des économies résiduelles. Le président Gérard Larcher s'est déjà démené pour faire des économies. Quelques chiffres. En l'an 2000, le Sénat coûtait à l'année à chaque Français l'équivalent d'un paquet de cigarettes à 26 francs (soit 4 euros 2015). Aujourd'hui, quinze ans plus tard, il suffit de la valeur des deux tiers d'un paquet de cigarettes à 7 euros. De 2008 à 2015, le nombre des suppressions nettes d'emplois des fonctionnaires de l'institution a été de 70, soit une baisse des effectifs de près de 6 % en sept ans. Les dépenses de réception de la présidence du Sénat ont représenté en 2015 un budget de 97 134 euros, soit une diminution de 84 % par rapport à 2 000 selon les chiffres officiels. Enfin, le parc de voitures destiné au transport des sénateurs a dégringolé de 87 en 2008, sous la présidence de Christian Poncelet, à 72 aujourd'hui. Certes, le salaire minimum net d'un fonctionnaire du Sénat était de 2 467 euros en 2015 contre 2 300 en 2008. Il reste à faire baisser le nombre de sénateurs, ce qui n'est pas une mince affaire[2] !

Enfin, il faut indiquer que le Sénat subit des critiques particulières pour une raison assez prévisible : il est à l'origine de la loi, de la norme, espèce d'incarnation du bien, de la morale. Or les citoyens espèrent – peut-être avec candeur, peu importe – de l'autorité investie de cette fonction sociale qu'elle soit exemplaire.

Les critiques sur le Sénat sont rarement suivies d'effet : l'histoire incite à la prudence. En 1969, le général de Gaulle avait voulu lui couper les pattes en l'associant au CES (Conseil économique et social) : il a dû démissionner à la suite de l'échec du référendum qui proposait cette réforme. En 1998, Lionel Jospin, Premier ministre, avait tenu la Haute Assemblée pour une « anomalie ». Quatre ans plus

2. Pour tous ces chiffres, voir l'annexe 5, les réponses de la présidence du Sénat à nos questions.

tard, il n'arrivait même pas en finale de l'élection présidentielle. En 2015, Claude Bartolone proposait la suppression du Sénat : dans la foulée, il était battu la même année aux élections régionales en Île-de-France. Les sénateurs n'aiment pas qu'on s'occupe d'eux et, au cœur du fameux « système », ils font payer (très) cher ceux qui prétendent toucher au moindre de leurs cheveux. Le Sénat a la rancune tenace, en même temps qu'une sainte horreur de toute publicité et de la moindre agitation. La culture du secret y reste une obligation incontournable.

Alors pourquoi scruter attentivement le Sénat ? Certainement pas pour céder à l'idée que les hommes politiques sont « tous pourris » ; certainement pas au nom d'une transparence érigée en dogme absolu, vertu supérieure dont dépendrait le bonheur du monde ; simplement pour améliorer la confiance des électeurs en leurs élus.

La seule manière de désarmer antiparlementarisme, antiélitisme, populisme, et de couper l'herbe sous le pied de la formation – ou des formations – qui se nourrissent de ces sentiments – ou de ces ressentiments –, c'est de faire en sorte que les institutions existantes fonctionnent bien, et remplissent convenablement leur rôle au service de l'intérêt général.

Les institutions républicaines, en l'occurrence le Sénat, ne manquent *a priori* ni d'utilité ni de mérites. Ne faudrait-il pas – à l'image par exemple de ce qui se fait en Italie, sous la direction d'un Premier ministre jeune et dynamique –

sauver ces institutions, et pour cela les réformer, le cas échéant radicalement ?

Le projet, par exemple, de diviser par trois ou quatre le nombre des sénateurs, ne signifie pas que deux sur trois, ou trois sur quatre sont incompétents, corrompus, inutiles. Cela signifie seulement que l'institution sénatoriale serait tout simplement plus efficace – probablement moins coûteuse – avec trois ou quatre fois moins de parlementaires et beaucoup plus d'experts ou de conseillers à leur service. De la même façon, écrire que le statut des fonctionnaires du Sénat – et leurs rémunérations stratosphériques – est indécent, ne relève nullement du poujadisme, mais simplement du souci de doter des institutions précieuses d'outils efficaces, c'est-à-dire adaptés à leurs missions. Et s'il est possible de s'assurer le concours d'une cinquantaine de conseillers et experts privés recrutés par chaque sénateur (comme au Sénat américain), il faut le faire au nom de l'efficacité maximum de la Haute Assemblée et de la chasse au gaspi dans toutes les administrations de l'État.

Le Sénat se plaint d'être exposé aux critiques incessantes de la presse ; mais la mission que la société lui a confiée, faire la loi, contrôler le pouvoir exécutif, est bien trop précieuse. Pour cela, il faut être exemplaire – et il est loin de l'être.

Car il est bien beau de dire que le Sénat fait du bon boulot, prépare de bonnes lois, contrôle bien le gouvernement… Il est facile de dire qu'il faut respecter les institutions, et qu'il n'est pas convenable de faire preuve de trop de curiosité, mais le pays ne compte-t-il pas 3 millions

– ou près de 6 millions, selon les critères du BIT – de chômeurs ? Ne compte-t-il pas, en aussi grande quantité, des jeunes – ou des moins jeunes – en formation professionnelle, c'est-à-dire à l'écart du marché de l'emploi, peu ou prou désocialisés ? Les comptes publics, toutes collectivités confondues, ne sont-ils pas dramatiquement en déséquilibre ? Pour l'instant, les taux d'intérêt sont dérisoires, et cet endettement est indolore et supportable. Mais si les taux d'intérêt se mettent à grimper ? Ne faudra-t-il pas des dizaines d'années pour rétablir ces comptes ? Ce qui va peser, pour des dizaines d'années, sur la compétitivité et l'activité du pays. Et fabriquer de nouveaux chômeurs. C'est bien beau d'évoquer et d'invoquer la qualité du travail du Sénat, mais cette assemblée n'aurait-elle pas, elle aussi, à sa place, sa part de responsabilité dans les maladies du pays ? Maladies – parfois très graves – qu'à sa place, pas plus que les gouvernements, elle n'a su guérir ou prévenir et que, par ses courtes vues, elle a peut-être contribué à encourager ? Est-on certain que le si bon travail du Sénat n'est pas, en réalité, totalement coupé de toute réalité économique et sociale ? Et que les fleurs qu'il s'attribue sont parfaitement méritées ?

Ces questions, en soi difficiles – personne ne peut se prévaloir de détenir la vérité… –, sont rendues plus épineuses par une considération pour ainsi dire philosophique. Les critiques visant le Sénat portent, pour l'essentiel, sur son fonctionnement en l'état. Or, c'est l'existence même du Sénat, qui sans doute mériterait d'être reconsidérée, sa composition, ses attributions, son rôle, etc. Ce livre évoque un petit nettoyage : et si le Sénat avait tout à gagner d'une remise en question d'une puissance tellurique ?

On trouve au Sénat cet amour de la dissimulation qui de toute éternité paraît en France entourer les affaires publiques. Il y a des choses dont on ne parle pas dans notre pays, et d'abord les questions d'argent. Y compris quand l'argent dépensé par le Sénat est de l'argent public, et que celui qui aimerait connaître son usage est précisément celui qui le fournit. Chut ! Ce n'est pas convenable... Pas convenable de révéler le traitement des fonctionnaires du palais du Luxembourg, pas convenable d'avoir une idée des indemnités parlementaires échappant à l'impôt sur le revenu, pas convenable de connaître le budget réel du Sénat, pas convenable d'enquêter sur les sénateurs tricheurs qui se font *excuser* fictivement pour ne pas être financièrement sanctionnés, pas convenable d'entourer cette Haute Assemblée d'un peu de transparence. Attitude recevable, sur le plan symbolique, justifiée si on considère que le pouvoir a besoin pour s'exercer de mystère, mais totalement en décalage avec les préoccupations du moment... L'époque est à la transparence, à l'économie des moyens, et admet de moins en moins que tel ou tel membre de la société vive perché, intouchable et couvert d'or, sur son piédestal...

D'autant qu'à tout entourer de secret, on finit par attiser la curiosité...

Il n'en est pas moins vrai que Gérard Larcher est le premier président du Sénat à avoir réussi à améliorer la transparence au Sénat. Certes, à petits pas, et le chemin de la transparence reste long, surtout à la Haute Assemblée ! Ainsi, prenant la parole dans l'Hémicycle le 13 mai 2015, le sénateur Philippe Bas, président de la commission des Lois constitutionnelles, de Législation, du Suffrage universel, du Règlement et d'Administration générale, informait ses collègues qui, pour la plupart, tombaient alors du placard. « Mes chers collègues, expliquait-il, vous ne pouvez bénéficier ni d'un congé parental, ni d'un congé de maternité, ni d'un congé de maladie. Aucun de ces droits, qui ont été établis pour les salariés, ne s'applique aux parlementaires. Par conséquent, autant il est légitime de prendre en compte une maternité ou une maladie dans le calcul du temps de présence au sein de nos différentes instances de travail, autant il n'est pas justifié, sauf à vouloir nous considérer nous-mêmes comme des salariés ou des fonctionnaires, d'appliquer des dispositions qui, tout simplement, ne sont pas applicables aux parlementaires ! » En deux mots, les 348 sénateurs relèvent de la Caisse d'assurance maladie du Sénat. Mais n'étant ni fonctionnaires, ni salariés, mêmes malades durant des années, ils continuent d'empocher leur indemnité parlementaire et leur Irfm (Indemnité représentative de frais de mandat). Soit environ 11 350 euros nets par mois. Pas question pour eux de démissionner ou de se mettre en congé maladie, la galette est trop belle et c'est légal !

Pour ce qui le concerne, le sénateur Philippe Bas s'est fixé une règle intangible : sur son agenda, le mardi, le mercredi et le jeudi restent invariablement consacrés à plein-temps au Sénat. Question de simple bon sens et de respect de ses électeurs. La semaine parlementaire commence, au palais du Luxembourg, le mardi matin et se termine le jeudi soir. Pourtant cet énarque de 57 ans et conseiller d'État en détachement vaque à quelques autres occupations... Ancien homme de confiance de Jacques Chirac et ex-ministre, il préside le conseil départemental de la Manche (500 000 habitants), tout en étant premier adjoint au maire de Saint-Pois et premier vice-président de l'Intercommunalité de Villedieu (16 000 habitants). Ce super-cumulard se classe toutefois, selon l'association Regards citoyens, à la cinquantième place parmi les sénateurs les plus assidus avec 36 semaines de présence sur 40 de février 2015 à 2016. De plus, depuis la mise en place en octobre 2015 de mesures pour renforcer la présence des sénateurs en séance et en commission, Philippe Bas n'a jamais cherché à se faire *excuser*.

Plus d'une centaine de ses collègues ont eu recours à cette pratique au dernier trimestre 2015 et presque 200 au premier trimestre 2016. Il leur a suffi d'exhiber un certificat médical ou de prétexter un cas de force majeure pour échapper à toute sanction financière. La liste est longue de ces petits marquis, champions des *excusés* au palais du Luxembourg qui échappent ainsi à toute sanction financière. Leurs campagnes électorales, municipales, départementales, régionales, et leurs obligations locales ou leur paresse sont tout simplement la raison leurs absences ! Certains se déclarent malades, quelques fois pendant six mois à presque deux ans. Ces vrais ou faux malades ne démissionnent jamais. L'*excuse* est reine. Cachée derrière un certificat médical indiscutable ou un cas de force majeure invérifiable. Pour un jour, deux, trois, quinze jours, trois semaines...

Tout est fait pour empêcher le citoyen, le curieux ou le journaliste de se faire une idée claire. Le site du Sénat et le *Journal officiel* sont accessibles au grand public mais ils donnent souvent des indications très contradictoires sur la présence ou l'absence d'un sénateur dans l'Hémicycle ou en commission. Nous le verrons, la présidence du Sénat explique ces incohérences de manière complexe et pas complètement convaincante.

Voici quelques-uns des plus connus parmi les 70 abonnés, environ, aux *excuses* qui ne font pas que du bien au Sénat, même si une partie de leurs absences a pu correspondre à une vraie maladie ou un décès réel d'un de leurs proches. L'ancien parrain de l'île de La Réunion, Paul Vergès (PCR[3]), 90 ans, son successeur dans cette île, Didier Robert (LR), 51 ans, Jean-Pierre Raffarin (LR-Vienne), 67 ans, vice-président du Sénat, non-cumulard mais ancien Premier ministre ; Valérie Létard (UDI-Nord), 53 ans, première vice-présidente du conseil régional des Hauts-de-France ; Jean-Jacques Panunzi (LR-Corse du Sud), 59 ans, vice-président du conseil départemental de Corse du Sud ; Joseph Castelli (RDSE[4] Haute-

3. Parti communiste réunionnais.
4. Rassemblement démocratique social et républicain.

Corse), 67 ans, ancien président du conseil général de la Haute-Corse (dont il a démissionné pour des raisons de santé tout en gardant son mandat de sénateur !), la sénatrice de l'Isère, suppléante d'André Vallini secrétaire d'État, ancienne vice-présidente de la région Rhône-Alpes et du parc naturel régional de Chartreuse, Éliane Giraud (PS-Isère), 63 ans ; Marie-Annick Duchêne (LR-Yvelines), 75 ans, Jean-Pierre Masseret (PS-Moselle), 71 ans, le maire de Nîmes Jean-Paul Fournier (LR-Gard), 70 ans, Robert Navarro (non inscrit-Gard), 63 ans, la maire de La Valette Christiane Hummel (LRVar), 74 ans, le maire et président de la métropole Aix-Marseille Provence Jean-Claude Gaudin (LR-Bouches-du-Rhône), 76 ans, et Thierry Foucaud (CRC-Seine-Maritime), 61 ans, ces deux derniers étant vice-présidents du Sénat. Aucun de ces sénateurs n'a jugé utile de répondre à nos questions à part l'ancien Premier ministre, Jean-Pierre Raffarin, et la sénatrice des Yvelines, Marie-Annick Duchêne.

Le président Gérard Larcher a du pain sur la planche pour redresser l'image de la Haute Assemblée.

Mais ne se trompe-t-il pas de combat ? Actuel président du conseil départemental de l'Orne, ancien président de la commission des Finances au Sénat pendant trois ans, ex-conseiller à la Cour des comptes et ministre du Budget de 2002 à 2004, Alain Lambert (UDI), 69 ans, n'est pas loin de le penser… Ce notaire de profession et sénateur pendant près de vingt ans ne pratique pas la langue de bois :

> Nous étions à mon époque une cinquantaine de « sachant » à faire tourner le Sénat, dans l'Hémicycle et les principales commissions. Depuis, rien n'a changé... À la commission des Finances, il était et il reste toujours plus facile de plancher à une dizaine de sénateurs seulement sur un texte, même au risque d'y passer une partie de la nuit. On travaille mieux en petit nombre. L'assiduité des parlementaires n'est pas un vrai problème, seule la compétence compte. Même si vous augmentez la présence des sénateurs, cela sert sur le plan médiatique, mais pas du tout pratiquement, bien au contraire. Cela devient vite cacophonique et ingérable. Ces mauvais élèves n'ont pas la capacité de comprendre et peut-être pas la volonté, ils viendront à contrecœur sous la menace de sanctions financières[5].

Alors ? Surveiller la présence des sénateurs, pour en faire de dociles écoliers, ou bien en réduire drastiquement le nombre, pour les transformer en champions de la vie démocratique ?

5. Entretien avec l'auteur le 2 juin 2015 à la Cour des comptes.

I

Le royaume des niches fiscales

Quand on arrive au palais du Luxembourg, on est frappé par ses allures de principauté d'opérette : gardes républicains, sabres au clair, qui ressemblent à la garde du roi Babar ; orangers en pots et palmiers, qui donnent effectivement une touche monégasque au 6e arrondissement de Paris ; ors, stucs, tentures, parfaitement congrus avec l'histoire des murs et l'ambition des occupants... Sans parler de cette vieille – et lucrative – appellation de « dignitaires » – ou « autorités » – qui constitue une espèce de noblesse sénatoriale... Sans parler du confort douillet, du silence, du secret et de l'ombre de créatures de rêve qui hantent les couloirs...

Ce que le commun des mortels ignore, c'est que le palais du Luxembourg n'est pas seulement un décor, mais le siège d'un véritable petit paradis fiscal. Devenir sénateur, ce n'est pas seulement s'engager à faire la loi, représenter les collectivités territoriales, contrôler le gouvernement – toutes activités respectables et, au choix, passionnantes ou ennuyeuses –, c'est accéder aussi à un statut fiscal incroyablement avantageux.

Un statut exorbitant du droit commun, une sorte de droit coutumier, dont les bénéficiaires en vertu de la séparation des pouvoirs ont fixé eux-mêmes les modalités. Si président de la République, Premier ministre, ministres et secrétaires d'État en profitent également, ce sont les parlementaires, sénateurs et députés, qui les premiers tirent le plus profit de ce statut. Beaucoup plus avantageux – et moins loin – que les Bermudes, Jersey, Monaco ou le Lichtenstein.

Tout cela n'est pas secret, mais bien caché. Certes, chacun peut aller consulter le site du Sénat qui, à la rubrique « situation matérielle des sénateurs » (les pages en question sont reproduites en annexe à la fin de l'ouvrage), retranscrit le revenu de chaque élu au centime près, rémunération qui se ventile en une batterie d'indemnités diverses. La première réaction d'un observateur inattentif est de prendre cette information pour argent comptant, de ne pas y prêter attention. En tout cas, nul ne pense à s'interroger sur les raisons supérieures du morcellement de ce qui est versé à chaque élu pour l'indemniser du temps passé et des frais liés à l'accomplissement de son mandat. Nul ne pense à la lettre volée d'Edgar Poe : il y a des évidences si grosses, des « secrets » si énormes que plus personne ne les remarque.

Une indemnité mensuelle de 1 420,03 euros non imposable

Le site du Sénat explique que chacun des 348 sénateurs perçoit une indemnité mensuelle parlementaire brute de 7 100,15 euros, qui totalise une indemnité de base (5 514,68 euros bruts), une indemnité « de résidence » (165,44 euros) et une « indemnité de fonction » (1 420,03 euros). L'indemnité de base est, depuis 1947, « équivalente à la moyenne du traitement le plus bas des hauts fonctionnaires (lettre A) et du plus haut (lettre G) de ceux classés dans la catégorie hors échelle (conseillers d'État, préfets, directeurs d'administration centrale) ». « L'indemnité de résidence (accordée à tous les agents de la fonction publique) représente 3 % du montant mensuel brut de l'indemnité parlementaire de base. » Enfin, « l'indemnité de fonction est égale à 25 % des deux précédentes ».

De manière sibylline, il est précisé : « L'indemnité parlementaire de base ainsi que l'indemnité de résidence sont imposables à l'impôt sur le revenu suivant les règles applicables aux traitements et salaires. » Ce mensonge par omission (on le laisse entendre sans le dire...) signifie que l'indemnité mensuelle de fonction (1 420,03 euros) versée à chaque sénateur (comme à chaque député) échappe à l'impôt direct. Conclusion : diminué des différents prélèvements sociaux (dont la CSG, la CRDS et les cotisations de retraite), le net imposable s'élève pour ces parlementaires à 4 139,41 euros. Il additionne les indemnités de base et de résidence. Alors que les sénateurs reçoivent un revenu réel mensuel net de 5 353,54 euros. Montant qui peut être majoré de prestations familiales accordées en fonction du nombre d'enfants de chaque parlementaire. Sur une année, cette niche fiscale de l'indemnité de fonction représente pour chaque sénateur 17 040,36 euros qu'il fait officiellement disparaître de ses revenus ! Le bonheur…

Tout travail mérite salaire. Certes. Mais quelle peut bien être la justification de cette « indemnité de fonction » des sénateurs et la raison de son caractère non imposable ? Le site du Sénat n'en souffle mot… Questionnés, les sénateurs donnent des réponses plutôt vagues. La plupart ignorent en toute honnêteté la raison de cette indemnité de fonction et pourquoi ces 1 420,03 euros mensuels ne sont pas imposables. C'est comme ça, une faveur du destin…

En fait, sur le plan fiscal, ce privilège ne peut s'expliquer que par des remboursements de frais fictifs. Surprenant à plus d'un titre. En effet, un clic plus loin, le site du Sénat apprend que chacun des 348 sénateurs empoche également chaque mois une Indemnité représentative de frais de mandat (Irfm) de 6 037,23 euros nets, sans avoir à fournir le moindre justificatif. Un sénateur qui veut conserver l'anonymat résume ainsi l'esprit de cette indemnité :

> Il est clair qu'au fil du temps, l'Irfm a été augmentée parce qu'on ne pouvait augmenter l'indemnité des parlementaires, c'était trop sensible. Donc certains considèrent que l'Irfm est un complément de revenu. D'ailleurs, ça a aussi été fait pour ça.

C'est également l'avis de la commission pour la transparence financière, depuis remplacée, en 2013, par la Haute Autorité pour la transparence de la vie publique (HATVP).

Dans son quinzième rapport d'activités publié en 2012, cette autorité administrative indépendante indique que « l'Irfm contribue à un enrichissement pouvant s'élever pour certains parlementaires jusqu'à 200 000 euros entre le début et la fin du mandat ». Cette indemnité dont le montant mensuel net, non imposable, s'élève à plus de 6 037,23 euros, couvre les dépenses occasionnées par l'exercice d'un mandat parlementaire. Cette autorité administrative indépendante note « qu'aucune restitution d'un éventuel excédent de l'indemnité par rapport aux frais de mandat n'est demandée au terme de celui-ci par l'assemblée à laquelle appartient le parlementaire ». L'avantage économique en cause pouvant expliquer, à lui seul, des variations de patrimoine conséquentes, la commission « a pris l'habitude de demander aux parlementaires, dans le cas où la variation de leur patrimoine est inexpliquée, la valeur de leur compte Irfm en fin de mandat ». Dans son ouvrage *Le Métier d'élu local* (Seuil, 2014), le député PS de l'Aisne René Dosière, spécialiste de la transparence de la gestion publique, propose de limiter cet enrichissement : « Cependant l'Indemnité de fonction restait non imposable. Aujourd'hui, en raison du relèvement de l'Indemnité représentative de frais[1], cette exonération ne se justifie plus. »

L'Irfm est prévue pour permettre aux sénateurs « de faire face aux diverses dépenses liées à l'exercice de leur mandat qui ne sont pas directement prises en charge ou remboursées par le Sénat ». C'est-à-dire pas grand-chose puisque tous

1. L'Irfm (NdA).

les frais ou presque sont payés par le Sénat ! À l'exception de l'achat et l'entretien d'une voiture (si le sénateur n'est pas patron d'un exécutif local important lui fournissant un véhicule de fonction), du loyer d'une permanence et des frais de réception (et encore, quand ceux-ci ne sont pas pris en charge par la fédération locale de leur parti politique). En effet, les parlementaires bénéficient de toutes sortes d'avantages matériels que leur offre une République généreuse. C'est-à-dire – en plus des indemnités à proprement parler – d'une enveloppe de 7 548,10 euros par mois pour payer des collaborateurs, de 5 000 euros (remboursés sur facture) pour s'acheter tous les trois ans ordinateur et équipements de bureau, d'un crédit téléphonique maximum de 5 200 euros par an (toutes les communications à partir du Sénat étant gratuites) pour chaque sénateur de l'Hexagone et leurs collaborateurs ainsi que d'un forfait de l'ordre de 10 000 euros pour leurs collègues ultramarins, d'un forfait taxi parisien annuel de 4 000 euros également, d'un passe Navigo 5 zones pour le réseau RATP, de l'accès gratuit à l'ensemble du réseau SNCF en 1re classe, de 40 allers-retours en avion par an entre Paris et leur circonscription en métropole et d'un crédit de péage autoroutier adapté au trajet entre leur domicile et Paris. Un aller et retour par mois en avion pour les 19 sénateurs ultramarins, entre leur département et Paris. En session, le Sénat rembourse la nuit d'hôtel pour un montant maximum de 120 euros.

Le site du Sénat n'indique à aucun moment le montant annuel du forfait téléphonique alloué à chaque sénateur pour lui-même, ses 5 collaborateurs (maximum) et sa permanence parlementaire. Il indique : « Les sénateurs disposent d'un forfait global de communications téléphoniques prises en charge par le Sénat, dont le montant annuel est fonction de l'éloignement du département d'élection. » Plus vague, tu meurs… Nous avons pu établir le forfait annuel maximum de 5 200 euros annuel pouvant couvrir jusqu'à 6 lignes (mobile, fixe et internet), notamment grâce aux chiffres publiés, en mai 2012, par l'ancienne présidente du groupe écologiste, Mme Corinne Bouchoux, sur son site de sénatrice. Ce qui semble tout à fait cohérent. En effet, l'allocation annuelle versée par le Sénat correspond à un forfait mensuel illimité fixe, mobile et internet de 72 euros par ligne, c'est-à-dire au tarif moyen par mois d'un abonnement (mobile, fixe et internet) pour un particulier. Mais, à l'évidence, le système d'allocation d'un forfait téléphonique calculé pour ces parlementaires repose sur leur bonne foi et le nombre de leurs collaborateurs (réels ou fictifs) qu'ils déclarent. La sénatrice Corinne Bouchoux reste la seule membre de la Haute Assemblée à avoir publié le montant et le détail de son allocation forfaitaire mensuelle de téléphone. En effet, les sénateurs, toutes étiquettes politiques confondues, s'appliquent ainsi à maintenir la plus grande opacité possible sur leurs avantages matériels pourtant tout à fait légaux. L'allocation téléphonique forfaitaire n'en est qu'un exemple…

À l'inverse des sénateurs, les élus locaux voient leurs indemnités de fonction intégrées à leur revenu fiscal de référence depuis 1992. Ces indemnités suffisent souvent à faire basculer le foyer fiscal de ces élus dans une catégorie d'imposition plus élevée ou à baisser le montant de leur retraite, avec de nombreuses conséquences, tant au niveau des abattements fiscaux que des aides sociales auxquelles ces personnes pouvaient prétendre. De même, les indemnités de fonction versées à des fonctionnaires ou à des salariés du privé n'échappent pas à l'impôt sur le revenu. Certes, président de la République, Premier ministre, ministres et secrétaires d'État bénéficient eux aussi d'une indemnité de fonction non imposable d'un montant compris entre 2 000 à 3 000 euros bruts, mais aucun d'entre eux ne touche d'indemnité forfaitaire du montant de celle de l'Irfm et spécifiquement destinée au remboursement de leurs frais, étant admis qu'ils vivent tout à fait légalement « sur la bête ».

Charasse, grand défenseur de la niche fiscale des sénateurs

Cette exonération fiscale de l'indemnité de fonction et de l'Irfm s'explique tout simplement par l'histoire politique de notre pays, histoire que les sénateurs semblent bien mal connaître, et qui, pourtant, est écrite dans les manuels de droit fiscal.

Jusqu'en 1848, les parlementaires n'étaient pratiquement pas indemnisés, la politique n'étant alors pas considérée comme un métier. Les plus riches avaient seuls les moyens d'être élus, vivant de leurs rentes. À la fin du XIXe siècle, les indemnités de tous les élus politiques étaient entièrement exonérées au motif qu'il ne s'agissait là officiellement que de remboursement de frais et non d'une réelle indemnité. Puis, au fil des années, le statut de parlementaire s'est en quelque sorte professionnalisé. Et qui disait professionnalisation de la vie politique supposait imposition sur le revenu de ce métier. Au siècle dernier, en vertu d'une loi de 1928, les traitements des sénateurs et députés (indemnités de base, de résidence et de fonction) ont été assimilés à un simple salaire, et sont devenus partiellement imposables, à hauteur de 55 %. Mais comme il est difficile de renoncer à des privilèges, la mise en place de cette imposition ne s'est faite que progressivement, sous l'influence de l'opinion publique et notamment des journaux satiriques.

Un premier grand tournant a eu lieu en 1993. Une modification de l'article 81 du Code général des impôts rend imposable, au titre de l'impôt sur le revenu, 100 % des indemnités parlementaires de base et de résidence, déduction faite des prélèvements obligatoires (CSG et CRDS). L'indemnité de fonction subit elle aussi ces prélèvements, mais reste exonérée de l'impôt sur le revenu, « étant considérée comme représentative de frais d'emplois ». En fait, cette indemnité de fonction servait, au Sénat (moins à l'Assemblée nationale), de cache-sexe à un vaste système de remboursement de frais, à base d'argent liquide uniquement.

Une fois par mois, un camion blindé de la Brink's s'enfonçait dans les sous-sols du palais du Luxembourg pour y livrer des sacs de billets 500 francs tout neufs en provenance directe de la Banque de France. Cet argent liquide circulait dans les étages du Sénat sans grand contrôle, dans une totale opacité, et atterrissait, au sens propre, dans les poches des sénateurs et fonctionnaires de l'institution. Ces frais payés en liquide n'étaient, bien entendu, pas déclarés au fisc et n'avaient aucune existence légale. Privilège exercé au nom de la séparation des pouvoirs ! Secret de polichinelle à l'époque qui n'a jamais franchi les frontières du 6e arrondissement de Paris.

Secrétaire général du groupe RPR au Sénat de 1983 à 1992 auprès de Charles Pasqua, mon ami Jean-François Probst (décédé en 2014)[2], était intarissable sur le sujet. Boîte noire des petites et grandes manœuvres de la Chiraquie, ce vrai titi parisien né à la Goutte d'Or avait ainsi une liberté de propos sans égale pour fustiger cet énorme gaspillage. Autant d'anecdotes tout à la fois hilarantes et scandaleuses, mais impubliables à l'époque. Un système d'évasion fiscale à grande échelle que le président Gérard Larcher nous a confirmé dans une interview[3].

Mais la conservation de ce privilège du paiement en espèces de frais plus ou moins fictifs et totalement opaques aux sénateurs comme à leurs « collègues » députés devenait difficile à justifier. Surtout à partir de 1996, époque où le gouvernement Juppé et les parlementaires décidaient de s'attaquer à une centaine de régimes dérogatoires à

2. Nous avons coécrit *Chirac et dépendances* (Ramsay, 2002).
3. Voir « Gérard Larcher, "Le M. Propre" du Sénat », *France-Soir*, 21 juillet 2011.

l'impôt sur le revenu. Autant de professions qui jouissaient d'un privilège fiscal en dehors des 10 % accordés systématiquement à tous les salariés pour frais professionnels. Parmi ces privilégiés : les journalistes (30 % d'abattement fiscal), les polisseuses de pipe de Saint-Claude (5 %) et bien d'autres métiers. À l'origine de cette mesure dite de « justice sociale », le sénateur Michel Charasse, qui, en 1991, à la tête du ministère du Budget, avait concocté un dispositif pour supprimer ces niches fiscales. Parmi ces dernières, le « fusil » de François Mitterrand avait une cible privilégiée : les journalistes. Cette profession avait contribué à dénoncer la face noire des activités politiques dans l'Hexagone, dont l'affaire Urba qui avait rudement malmené l'image du PS. Dans le n° 16 du trimestriel *Charles* (publié à l'hiver 2016), l'ancien sénateur et actuel membre du Conseil constitutionnel reconnaît son aigreur vis-à-vis des journalistes : « Je n'ai pas une grande réputation dans la presse française parce que j'ai toujours traité les journalistes sévèrement car je n'ai pas une confiance illimitée dans la profession. »

En 1996 donc, le gouvernement Juppé reprenait le projet de Charasse et tentait de tirer un trait sur toutes ces niches fiscales, « devenues sans rapport avec la réalité des frais professionnels supportés par les intéressés et qui ont donc perdu toute justification ». Pas plus d'ailleurs que la niche fiscale des sénateurs… En s'attaquant à ces avantages d'autant de professions, Michel Charasse et les parlementaires de droite comme de gauche ont réussi le tour de force de ne pas remettre en cause leurs propres privilèges fiscaux. Du grand art !

Cependant, à la grande colère de Michel Charasse, une seule profession a tiré son épingle du jeu grâce à son carnet d'adresses politique : les journalistes. En 1997, le Premier ministre Lionel Jospin entérinait les mesures décidées par le gouvernement Juppé pour supprimer une centaine de régimes dérogatoires à l'impôt sur le revenu. Mais le chef du gouvernement socialiste décidait que les journalistes pourraient dorénavant ne pas déclarer au fisc jusqu'à 50 000 francs (soit 7 650 euros) de leurs revenus, mesure toujours en vigueur qui favorise les bas salaires et limite l'avantage pour les plus riches, c'est-à-dire les directeurs ou présidents de journaux, dont certains ont été ou sont sénateurs à l'exemple de Serge Dassault ou Bernard Saugey. Fureur de Michel Charasse…

L'Irfm légalise le *black* des sénateurs

Toujours en 1997, en avril exactement, dans la plus grande confidentialité (pas une ligne dans la presse de l'époque à ce sujet), le bureau du Sénat crée l'Irfm. Le bureau, c'est-à-dire l'organe de gouvernance de la Haute Assemblée qui réunit un peu plus d'une vingtaine de hauts dignitaires, à savoir président, vice-présidents, secrétaires et questeurs. En fait, au nom de la séparation des pouvoirs, l'Irfm permettait d'un trait de plume de « légaliser » les sommes en espèces que les sénateurs empochaient chaque mois de la main à la main, soi-disant pour rembourser leurs frais. L'argent n'arriverait plus en billets dans des camions blindés, mais désormais sous la forme d'un virement bancaire sur le compte de chaque sénateur, à hauteur aujourd'hui (2016) de 6 000 euros nets, sans le moindre contrôle sur la réalité de ces frais. Un vrai tiroir-caisse…

En effet, l'ordonnance du 13 décembre 1958 relative à l'indemnité des parlementaires (et donc des sénateurs) reste muette au sujet de l'Irfm. Destinée à permettre aux membres du Parlement de faire face aux dépenses liées à l'exercice de leur mandat, celle-ci n'est pas une composante de l'indemnité parlementaire. Le Conseil constitutionnel avait estimé, dans sa décision n° 92-306 DC du 21 février 1992, qu'« en vertu du premier alinéa de l'article 25 de la Constitution une loi organique fixe l'indemnité des membres de chaque assemblée du Parlement ; que relèvent de la loi organique aussi bien la fixation du montant de l'indemnité parlementaire que la détermination (…) de ses règles de perception par les intéressés ».

Pour échapper à cette ordonnance un peu trop contraignante, le président du Sénat de l'époque, René Monory, les trois questeurs, le RPR Lucien Neuwirth (décédé en 2013, qui était à la ville l'époux de Sophie Huet, présidente depuis 2006 de l'Association de la presse parlementaire), Serge Mathieu (RPR) et François Autain (Mouvement républicain et citoyen), aidés de Jacques Ollé-Laprune, secrétaire général du Sénat, et Jean-Claude Becam, secrétaire général de la questure, ont utilisé, en avril 1997, un subterfuge très discret : l'Irfm a tout bonnement remplacé, place pour place, l'indemnité d'aide dactylographique instaurée, en 1970, par le même bureau du Sénat. Le prétexte de cette substitution est passé comme une lettre à la poste. À l'image du Sénat américain, les parlementaires français ne pouvaient désormais plus se contenter d'une simple aide dactylographique. Les sénateurs avaient besoin de réels assistants, et pas seulement de petites mains. Aussi, après avoir transformé l'« aide dactylographique » en Irfm, le bureau du Sénat a-t-il décidé, pour la remplacer, de créer le « crédit collaborateurs » qui, mis à la disposition du sénateur, lui permet de recruter aujourd'hui jusqu'à 5 assistants parlementaires. Mais ce crédit ne constituait pas à proprement parler une indemnité parlementaire. Si cela avait été le cas, il aurait fallu se plier aux exigences de la loi organique de 1958 qui les réglemente. Le bureau de Sénat était donc libre, s'agissant du crédit fonctionnement collaborateurs et de l'Irfm, d'agir à sa guise. De sorte que, depuis cette époque, chaque sénateur est désormais employeur de droit privé de ses collaborateurs – qui peuvent, le cas échéant, dans certaines proportions, être des membres de sa famille (mais c'est une autre histoire) –, les charges patronales étant intégralement prises en compte par le budget du Sénat. Et l'Irfm est, elle, versée aux sénateurs, sans la moindre contrepartie et sans le moindre contrôle…

Les camions de la Brink's ne descendent plus dans les sous-sols du Sénat…

Certes, les camions de la Brink's ne circulaient plus, depuis avril 1997, dans les sous-sols du Sénat, gorgés de billets de 500 francs. Pour autant, les virements de l'Irfm faits sur les comptes de chaque sénateur échappaient-ils bien à toute investigation du fisc ? Pas sûr. Personne n'était à l'abri du zèle d'un inspecteur des impôts qui se serait intéressé aux revenus d'un sénateur. L'affaire, pour les responsables du Sénat, représentait un vrai casse-tête juridique : comment sanctuariser fiscalement l'Irfm sans que cela fasse trop de vagues dans l'opinion publique ? Devenu questeur du Sénat en 2001, le rusé Michel Charasse – fonctionnaire au ministère de l'Économie et des Finances avant d'entrer en politique, et grand pourfendeur des niches fiscales ! – avait beaucoup planché sur le sujet. Il a déniché une astuce discrète. Sous prétexte de légiférer dans le domaine des indemnités forfaitaires touchées par les élus locaux, les trois questeurs du Sénat (les deux UMP Serge Mathieu et Jean Faure ainsi donc que le socialiste Michel Charasse) ont fait déposer un amendement par le sénateur UMP Jacques Oudin dans le cadre de la loi de finances rectificative pour 2002. C'est le type d'amendement que, dans le jargon parlementaire, on appelle un « cavalier ». Cela consiste à rajouter le plus discrètement possible, au détour d'un projet de loi, un amendement qui n'a rien à voir avec ce texte.

La manœuvre s'est déroulée en deux temps. L'Irfm a été d'abord incluse dans l'assiette de la contribution sociale généralisée (CSG) (au titre II de l'article L 136-2 du Code de la sécurité sociale), étant définie comme une indemnité « versée à titre d'allocation spéciale pour frais par les assemblées à tous leurs membres ». Cette première reconnaissance légale a alors permis aux Irfm de rentrer dans le champ d'application de l'article 81-1 alinéa 2 du Code général des impôts, devenant ainsi non imposables. Parallèlement, l'Irfm relevait toujours de la compétence de chaque assemblée. Voté à la demande des trois questeurs, cet amendement sanctuarisait définitivement les Irfm qui « bénéficient d'une présomption irréfragable de conformité qui empêche tout contrôle de leur emploi par l'administration fiscale. Ces allocations sont toujours réputées utilisées conformément à leur objet et ne peuvent donner lieu à aucune vérification de l'administration ». En clair, tout fonctionnaire des impôts, qui se livrerait à une telle vérification, serait jugé et condamné. Au nom de l'égalité fiscale bien sûr…

« L'impôt sur le revenu continue aujourd'hui donc d'épargner ce que le législateur, c'est-à-dire le sénateur lui-même, considère comme étant des remboursements de frais », explique Olivier Bertaux[4], expert fiscal auprès de l'association Contribuables associés. Il poursuit :

4. Entretien avec l'auteur le 22 janvier 2016.

> C'est-à-dire l'Irfm et l'indemnité de fonction du sénateur. Et c'est sans doute là que le bât blesse, car entre l'Irfm, l'indemnité de fonction et les avantages en nature déguisés, le train de vie du parlementaire bénéficie encore d'une niche fiscale sacrément douillette. Curieusement, l'Irfm et l'indemnité de fonction restent soumises à la CSG et à la CRDS. Or, selon le code général des impôts, soit il s'agit d'un revenu et il doit donc être soumis à la fois à la CSG-CRDS et à l'impôt sur le revenu, soit il s'agit de deux indemnités pour remboursement de frais et elles doivent être à ce titre exonérées tant de la CSG-CRDS que de l'impôt. Par un vote, sénateurs et députés ont décidé de soumettre l'indemnité de fonction et l'Irfm à la CSG-CRDS et non à l'impôt sur le revenu. Grâce à ce montage, les sénateurs ont carrément doublé leur revenu. Un scandale légal.

Il est vrai qu'à la même époque le Premier ministre Lionel Jospin avait mis fin, le 31 décembre 2001, aux primes de cabinet ministériel pour un montant total d'environ 20 millions d'euros d'aujourd'hui distribué alors, chaque année, à environ 3 000 personnes. Chaque ministre recevait tous les mois une enveloppe ou une valise d'argent liquide de la part du Premier ministre pour alimenter ce qu'on appelait pudiquement les fonds spéciaux. Il répartissait les fonds entre lui-même et ses collaborateurs, comme il l'entendait. Spécialiste du contrôle de la dépense publique, le député PS de l'Aisne, René Dosière, décrivait ainsi ce système sur son blog, le 6 mai 2013 :

> On retiendra de ce mécanisme que, pendant près de cinquante ans, les ministres de la République ont perçu une part importante de leur rémunération en espèces, c'est-à-dire soustraite à l'impôt sur le revenu et aux cotisations sociales ! La décision de Lionel Jospin de mettre un terme à ce dispositif opaque à partir de 2002 constitue donc une véritable révolution administrative. Il est remplacé par l'attribution transparente d'une Indemnité de sujétion particulière (Isp) instituée au profit des membres des cabinets ministériels (mais non des ministres) par un décret du 5 décembre 2001. Désormais, on ne parle plus de « primes de cabinet » mais d'Isp, ces dernières sont soumises à l'impôt et aux contributions sociales.

Concernant les ministres, la régularisation attendra quelques mois : à l'été 2002, le gouvernement de Jean-Pierre Raffarin procède « à l'insu de son plein gré » à une revalorisation de 70 % du traitement ministériel. Désormais, là encore, les choses sont transparentes : chaque ministre dispose de la même rémunération soumise à l'impôt et aux cotisations sociales. Cette rémunération sera diminuée de 30 % en 2012, conformément à un engagement de campagne de François Hollande.

À l'inverse, comme l'indemnité de fonction, l'Irfm, elle, échappe toujours à toute imposition sur l'impôt direct. Un sénateur qui perçoit chaque mois – oublions suppléments familiaux et prime informatique – une indemnité d'environ 11 350 euros nets, ne paiera d'impôt sur le revenu que sur 4 140 euros, montant net de son indemnité de base et de son indemnité de résidence. L'indemnité de fonction et l'Irfm, soit près de 7 210 euros nets chaque mois, sont versées au *black* directement sur son compte bancaire ! Avec un argument vaseux : on suppose que ces indemnités correspondent à des frais, que ces frais ont été effectivement dépensés et qu'il ne s'agit donc pas de revenus… Elle n'est pas belle, la vie de sénateur ? Seuls les 9 sages du Constitutionnel peuvent rivaliser avec les 348 sénateurs en matière de non-imposition. En effet, ces 9 hauts magistrats gagnent chacun mensuellement 11 000 euros nets de traitement et 1 000 euros pour leurs frais de déplacement, alors qu'ils habitent presque tous en région parisienne. Or, selon la loi, ils payent des impôts sur le revenu uniquement à hauteur de 50 % de leur revenu (soit 5 500 euros nets) et y échappent totalement sur leurs 1 000 euros de frais fixes. Tout cela, sans doute, au nom de l'indépendance financière des sénateurs et des sages du Palais-Royal.

45 dignitaires encore plus favorisés face à l'impôt

Mais parmi les 348 sénateurs, il y en a 45, sortes de super-parlementaires, qui échappent à l'impôt sur le revenu au-delà des 7 210 euros touchés au *black* tout à fait légalement par chaque sénateur. Ces 45 « dignitaires », qu'on appelle parfois « autorités » (le mot sonne mieux), exercent les fonctions exécutives suivantes : 1 président du Sénat, 8 vice-présidents, 14 secrétaires du bureau, 3 questeurs, 6 présidents de groupes politiques, 8 présidents de commissions, 2 rapporteurs généraux de commission et 3 présidents de délégations. En plus des 7 210 touchés au *black* comme chacun des sénateurs lambda, ces quarante-cinq-là empochent une indemnité de fonction supplémentaire – qu'on appellera « indemnité de fonction n° 2 » – qui, aux yeux de l'administration fiscale, n'existe pas plus que la première indemnité de fonction. On imagine la cuisine pour ces nominations prestigieuses et plus que financièrement intéressantes… Mais tout se fait dans le consensus politique le plus total.

En effet, si le président du Sénat est élu par l'ensemble de ses pairs à bulletin secret, les 45 dignitaires le sont par un accord entre patrons des six groupes politiques et en fonction de l'importance numérique respective de ces formations à la Haute Assemblée. Ne vous bousculez pas, il y en aura pour tout le monde, vieille loi sénatoriale…

À l'instigation du président Gérard Larcher, le Sénat publie sur son site, depuis 2014, ces suppléments de revenus qui, bon an mal an, représentent chaque année un pactole de plus d'un million d'euros.

11 000 euros au *black* par mois pour chacun des 3 questeurs

Chacun des 3 questeurs (selon l'usage, 2 de la majorité, 1 de l'opposition) reçoit 4 132,29 euros au titre de l'indemnité de fonction n° 2. Somme (dont il faut retrancher environ 300 euros collectés pour la CSG et la CRDS) qui vient s'ajouter aux 7 210 touchés au *black* par tout sénateur. Chaque questeur empoche donc au total 11 000 euros chaque mois, au *black* le plus absolu, et le plus légalement du monde. Comme tous les sénateurs et comme le président de la Haute Assemblée, ces 3 dignitaires ne payent l'impôt sur le revenu que sur 4 140 euros… Cela fait rêver.

Les 3 questeurs sont Jean-Léonce Dupont (UDI), 60 ans, président du conseil départemental du Calvados (685 000 habitants), Dominique Bailly (PS), 55 ans, élu du Nord et maire d'Orchies (8 000 habitants) et Bernard Saugey (LR), premier questeur, élu de l'Isère, 73 ans, évoqué ci-dessus. Le mardi, le mercredi et le jeudi, ils se réunissent entre 7 à 10 fois en tout et participent à la réunion hebdomadaire du bureau du Sénat. Selon le hit-parade des cancres au Sénat établi par l'association Regards citoyens pour la période de février 2015 à 2016, 2 des 3 questeurs ne semblent pas mériter leurs 4 000 euros au *black* accordés chaque mois au titre de l'indemnité de fonction n° 2. Jean-Léonce Dupont se classe en effet 55e, avec seulement 23 semaines de présence sur 40 au palais du Luxembourg, et Bernard Saugey pointe en 58e position, avec 24 semaines. À l'inverse, selon ce hit-parade, Dominique Bailly se classe parmi les meilleurs élèves : 108e sur 348 avec 34 semaines de présence. Jean-Léonce Dupont et Bernard Saugey se font régulièrement *excuser* (pour leurs absences) afin d'éviter une sanction financière. Dominique Bailly jamais. Il est toujours présent. Le cumul n'explique pas tout car, si Jean-Léonce Dupont est un super-cumulard, Bernard Saugey n'a plus aucun mandat en dehors de la franc-maçonnerie et de sa fonction épisodique de juge à la Cour de justice de la République.

Plus de 9 150 euros au *black* pour 24 autres dignitaires

8 vice-présidents du Sénat, 8 présidents de commission, 6 présidents de groupe politique et 2 rapporteurs généraux de commission empochent chaque mois 2 030,64 euros au titre d'indemnité de fonction n° 2 (dont il faut retirer une centaine d'euros au titre de la CSG et de la CRDS), qui échappe elle aussi à l'impôt sur le revenu. Ces 24 sénateurs touchent donc au *black* une somme totale de 9 150 euros nets de manière ici encore tout à fait légale. De quoi se constituer un petit pécule…

Parmi les 8 vice-présidents du Sénat, deux poids lourds ont droit à cette super-prime défiscalisée. D'abord le premier vice-président de la Haute Assemblée, Jean-Claude Gaudin (LR), 73 ans, professeur à la retraite, maire de Marseille (1 million d'habitants) et président de la métropole Aix-Marseille Provence (1,8 million d'habitants). Ensuite Hervé Marseille (UDI-Hauts-de-Seine), 61 ans, maire de Meudon (45 000 habitants), vice-président de l'Établissement public territorial Grand Paris Seine Ouest (300 000 habitants), vice-président du syndicat des Eaux d'Île-de-France (qui regroupe 144 communes) et président du Syctom, syndicat de traitement des ordures ménagères qui élimine et recycle les déchets produits par 5,7 millions d'habitants de Paris et de la région parisienne. Comment, avec pareilles responsabilités de terrain et leurs obligations parlementaires, ces deux élus trouvent-ils encore le temps de travailler au Sénat ? Cela relève de la prouesse… On a alors tendance à croire que leur assiduité en tant qu'élu local laisse à désirer.

Les 8 vice-présidents ont pour obligation principale de remplacer, à tour de rôle, le président en séance et d'assister au bureau du Sénat qui se tient chaque jeudi après-midi. Selon le hit-parade des cancres au Sénat établi par l'association Regards citoyens pour la période février 2015-février 2016, 2 des 8 vice-présidents ne se montrent pas très assidus au palais du Luxembourg. Le communiste Thierry Foucaud, 61 ans, se classe en 68e position avec 25 semaines de présence sur 40 au total. Jean-Claude Gaudin en 113e position avec 29 semaines. Ces deux derniers, en bonne logique, ne mériteraient donc pas leur indemnité mensuelle de fonction n° 2, de 2 030,64 euros. Les six autres vice-présidents, Isabelle Debré (LR-Hauts-de-Seine), 57 ans, Jacqueline Gourault (UDI-Loir-et-Cher), 65 ans, Jean-Pierre Caffet (PS-Paris), 64 ans, Hervé Marseille (UDI-Hauts-de-Seine),

61 ans, Claude Bérit-Débat (PS-Dordogne), 70 ans, et Françoise Cartron (PS-Gironde), 66 ans, se classent parmi les sénateurs les plus assidus, alors que certains d'entre eux – c'est une surprise – sont de grands cumulards.

Les 8 présidents de commissions et les 2 rapporteurs généraux de ces assemblées reçoivent également chaque mois, officiellement et légalement, 9 150 euros au *black*.

On est ici, dans les commissions, au cœur du travail parlementaire. Les hommes – ou les femmes, rares – politiques qui dirigent les commissions restent pour la plupart inconnus sur le plan national, mais pèsent sur le plan local. On y trouve en majorité des membres de l'Éducation nationale, détachés ou retraités. Pour la période de février 2015 à février 2016, le hit-parade de l'association Regards citoyens permet de classer ces 10 dignitaires parmi les plus assidus au palais du Luxembourg. Jean-Claude Lenoir (LR-Orne), 71 ans, président de la commission des Affaires économiques et à la tête de la Communauté de communes de Mortagne-au-Perche, rate de peu le podium. Ce professeur retraité de l'enseignement public secondaire se classe 6e sur 348 sénateurs avec 39 semaines sur 40 de présence et 121 participations en commission. Juste derrière lui arrive en 10e position la directrice d'école publique à la retraite Michèle André (PS, Puy-de-Dôme), 68 ans, présidente de la commission des Finances. Non cumularde, cette sexagénaire représente presque chaque semaine le Sénat dans des instances internationales et préside l'entité qui paye les collaborateurs des sénateurs. Au regard de ses nombreuses responsabilités, le bon classement de cette vieille adversaire de Michel Charasse relève du miracle : sur la période, elle a été présente 38 semaines sur 40 et a assisté à 163 commissions sans s'être fait *excuser* une seule fois. Chapeau !

Pour sa part, le médecin à la retraite Alain Milon (LR-Vaucluse), 68 ans, président de la commission des Affaires sociales, adjoint au maire de Sorgues et président du Syndicat mixte du Bassin de vie d'Avignon, se classe 41e au hit-parade des bons élèves avec 37 semaines d'activités sur 40 et 144 présences en commission. Mais un petit grain de sable inexplicable perturbe sa belle mécanique d'assiduité. Selon le *Journal officiel* du 5 novembre 2015, Alain Milon s'est fait *excuser* par la questure pour la commission des Affaires sociales du 4 novembre précédent. Or, sur son tableau d'activités publié sur le site du Sénat, il est noté absent et non pas *excusé*. D'où vient l'erreur ou la faute ? Du manque de professionnalisme des employés de la Haute Assemblée ?

Classé juste derrière, au 42e rang, avec 36 semaines de présence sur 40 et 163 participations en commission, l'avocat de 50 ans et rapporteur général de la commission des Finances, Albéric de Montgolfier (LR) est pourtant un super-cumulard. Il préside le conseil départemental d'Eure-et-Loir (423 000 habitants) et notamment la Communauté de communes de la Beauce-d'Orgères. La recette de ce quinquagénaire est simple : mardi, mercredi et jeudi, il ne quitte pas le palais du Luxembourg, ce qui lui permet de ne jamais demander à être *excusé*. Même attitude pour le conseiller d'État en détachement, Philippe Bas (LR-Manche), président de la commission des Lois, qui arrive en 49e position, avec 36 semaines de présence sur 40 et la participation à 45 commissions. Pas la moindre demande pour être *excusé* de la part de ce sénateur qui préside le conseil départemental de la Manche.

Professeur d'anglais dans le public en détachement au Sénat, Catherine Morin-Desailly, 54 ans (UDI-Seine-Maritime), est présidente de la commission de la Culture, de l'Éducation et de la Communication, conseillère municipale de Rouen, conseillère régionale de Normandie et conseillère de la Communauté d'agglomération Rouen-Elbeuf-Austreberthe. Elle se classe 71e au podium des sénateurs bosseurs avec 36 semaines de présence sur 40 et 115 participations en commission. Selon le *Journal officiel* du 10 décembre 2015, elle a demandé à être *excusée* pour la séance du mercredi 9 décembre de la commission de la Culture, de l'Éducation et de la Communication. Problème : son tableau d'activités publié sur le site du Sénat indique qu'elle est ce jour-là absente et non *excusée* pour la séance de sa commission du même jour. Que font encore les administrateurs du Sénat ?

Classé 77e avec 36 semaines de présence sur 40 et 109 participations en commission, le rapporteur général du Budget de la Sécurité sociale, Jean-Marie Vanlerenberghe (UDI-Pas-de-Calais), 76 ans, s'est fait *excuser* une seule fois, pour la séance de la commission des Affaires sociales du 7 octobre 2015. Cinq places plus loin, au 82e rang, avec 35 semaines de présence sur 40 et

89 participations en commission, arrive le vétérinaire à la retraite et non cumulard Jean Bizet, 68 ans, qui préside la commission des Affaires européennes. Enfin, l'ex-chef d'entreprise, Hervé Maurey (UDI-Eure), 53 ans, président de la commission de l'Aménagement du territoire et du Développement durable, maire de Bernay (15 000 habitants) arrive 142e sur le podium avec 33 semaines d'activité et 108 participations à des commissions.

Jean-Pierre Raffarin, roi des globe-trotters…

Parmi ces 10 présidents et rapporteurs de commissions du Sénat, le moins assidu, Jean-Pierre Raffarin (LR-Vienne), 67 ans, ferme la marche. À la 145e place, il totalise 33 semaines d'activité (sur 40) et 93 participations à des commissions, toujours de février 2015 à février 2016. L'ancien Premier ministre est président de la commission des Affaires étrangères, de la Défense et des Forces armées. Ce non-cumulard, ancien chef d'entreprise, empoche donc chaque mois 9 150 euros au *black*. 7 250 euros, comme n'importe quel sénateur de base, et 2 030,64 euros pour l'indemnité de fonction n° 2, dont il faut déduire la CSG et CRDS. Il est vrai que cette prestigieuse assemblée se déplace beaucoup pour aller visiter l'armée en opération, sur le porte-avions *Charles-de-Gaulle* et les principales bases de l'armée de l'air, notamment pour y admirer nos aéronefs et cathédrales financières : les Rafale, Tigre, Caïman et autres

Airbus A400. L'armée transporte les élus du peuple sans le moindre problème, mobilisant force hélicoptères et avions.

Très accaparé par ses multiples responsabilités politiques par rapport aux prochaines présidentielles et ses nombreux partenariats avec la Chine, Jean-Pierre Raffarin semble plutôt laxiste à la tête de sa commission. En matière d'absentéisme, celle-ci occupe la place de lanterne rouge parmi les 7 commissions permanentes du Sénat. Mieux, elle détient le record du nombre de sénateurs *excusés* pour le dernier trimestre 2015, soit 31 pour les 9 séances du mercredi. Une moyenne de moins de 4 sénateurs *excusés* par réunion. Sans compter un peu plus d'absents qui ne peuvent pas ou ne veulent pas se faire *excuser*. Soit environ chaque mercredi plus de 10 sénateurs fantômes sur les 53 membres de cette commission, ce qui représente un taux d'absence de l'ordre de plus de 20 %[5]. Jean-Pierre Raffarin lui-même ne donne pas toujours l'exemple de l'assiduité.

Il s'est fait *excuser* pour les réunions de sa commission du 21 et 28 octobre 2015. Une chatte n'y retrouverait pas ses petits entre les sauts de puce du sénateur de Tokyo à New York, en passant par Pékin, Shanghai et Chengdu. Du 20 au 28 octobre 2015, l'ancien Premier ministre a mélangé sans cesse voyages privés ou pour des organismes d'affaires, déplacements faits au nom du Sénat ou du département de la Vienne. Jamais il ne paye de sa poche. Interrogé par nos soins, l'ancien Premier ministre a justifié son voyage autour du monde entre les 20 et 28 octobre :

5. Voir annexe 5, dans les réponses de la présidence du Sénat à nos questions.

> Le 28 octobre 2015, je conduisais en ma qualité de président de la commission des Affaires étrangères, de la Défense et des Forces armées, la délégation sénatoriale qui s'est rendue à l'Assemblée générale de l'ONU à New York[6].

Officiellement pour ce petit voyage sénatorial outre-Atlantique, le sénateur Jean-Pierre Raffarin s'est fait *excuser* par les questeurs le mardi 27, mercredi 28 et jeudi 29 octobre. Rien à dire. Sauf que le site du Sénat indique que cette délégation s'est rendue à l'Assemblée générale de l'ONU, non pas le 28 octobre, mais deux jours plus tôt, le 26 octobre 2015, pour y rencontrer notamment le secrétaire général de cette organisation, Ban Ki-moon. Pour son autre demande d'*excuse* concernant la journée du 21 octobre 2015, Jean-Pierre Raffarin explique : « Je me suis rendu à Tokyo, le 21 octobre 2015 pour la remise du "Praemium Imperiale" (prix Nobel des arts) à deux artistes français en présence de membres du gouvernement japonais[7]. » Pour accomplir ce grand voyage, l'ancien Premier ministre a demandé à être également *excusé* les mardi 20, mercredi 21 et jeudi 22 octobre 2015. Autant l'excuse motivée par l'Assemblée générale de l'ONU peut sembler sérieuse, autant celle demandée la journée du 21 octobre 2015 à Tokyo paraît complètement fantaisiste. Mais les questeurs Bernard Saugey, Jean-Léonce Dupont et Dominique Bailly peuvent-ils refuser quelque chose à un ancien Premier

6. Mail envoyé à l'auteur le 11 avril 2016.
7. *Ibidem.*

ministre ? La réponse est non dans notre République monarchique.

Pour mieux comprendre comment le sénateur Jean-Pierre Raffarin a du mal à s'y retrouver dans ses multiples voyages et activités, il suffit de se reporter à la liste des invitations faites à des membres du Sénat par des organismes extérieurs. Sur cette liste publiée par le Sénat depuis septembre 2014 à la demande du président Gérard Larcher, l'ancien Premier ministre apparaît plusieurs fois, notamment du 19 au 27 octobre 2015 sous la rubrique « Rencontres économiques » qui ont eu lieu à Tokyo (Japon), Pékin et Chengdu (Chine). Qui a financé ces voyages ? Premium Imperiale (Japon) et Fondation prospective et innovation (Chine). En clair, le sénateur accompagnait des patrons français désireux de commercer avec l'Empire du Milieu. La réalité semble un peu compliquée... En effet, le sénateur Jean-Pierre Raffarin reste un incorrigible cachottier qui multiplie à l'infini ses occupations sur les périodes où il demande à être *excusé* par les questeurs. Ainsi, le 23 octobre 2015 à Chengdu (Chine), en tant que président de l'agence touristique du département de la Vienne, il accompagnait le maire de Montmorillon (Vienne), à l'invitation de l'un des principaux associés chinois du chef Joël Robuchon, originaire de la Vienne et sur le point d'ouvrir un restaurant en Chine. À cette occasion, Jean-Pierre Raffarin a rencontré des partenaires japonais et chinois pour finaliser le plan de financement du restaurant de Joël Robuchon et annoncer la prochaine création à Montmorillon (Vienne) d'une école de grands chefs Joël Robuchon, avec l'aide de capitaux chinois[8].

Moins d'un mois plus tard, du samedi 21 au mardi 24 novembre, le sénateur s'est rendu à Hong-Kong à l'invitation d'« opérateurs chinois » avant de présider sa commission le 25 novembre. Quelle santé ! Le globe-trotter du palais du Luxembourg n'a pas fait cette fois de demande d'*excuse*. Dix jours après, les 4 et 5 décembre 2015, il assistait à une conférence internationale à Tunis, les frais étant pris en charge par la Fondation pour la prospective et l'innovation, dont Jean-Pierre Raffarin est président. Un peu plus d'un mois après, les vendredi 15 et samedi 16 janvier, il participait à Pékin à un forum sur la culture organisé par la Fondation pour la prospective et l'innovation. À 67 ans, le président de la commission des Affaires étrangères reste dans une forme olympique…

Il a pris tout de même un peu de repos en février. Mais les 22, 23, 24 et 25 mars 2016, l'infatigable Jean-Pierre Raffarin a repris son bâton de pèlerin pour assister dans la province chinoise du Hainan au BOAO Forum (une sorte de Forum de Davos de l'Asie piloté par les autorités chinoises). Le sénateur est membre du conseil d'administration de cet organisme qui lui paye à cette occasion tous ses frais de voyage et d'hébergement. Le sénateur a fait une nouvelle demande d'*excuse* auprès des questeurs pour ces trois dates comme il s'en explique :

8. Voir Sébastien Kérouanton, « Joël Robuchon invite les Chinois à Montmorillon », *Centre Presse*, 23 octobre 2015.

> Cette demande a reçu une réponse positive en raison de ma qualité de rapporteur du projet de loi autorisant la ratification de l'accord portant sur la création de la « Banque asiatique d'investissement pour les infrastructures ». Je présenterai ce rapport en séance le 12 mai prochain[9].

Bravo l'artiste ! La France est membre de cette sorte de FMI asiatique depuis 2015. Jean-Pierre Raffarin a séché la dernière journée de ce forum, le 25 mars ; le temps d'aller inaugurer d'un coup d'avion à Shanghai, *L'Atelier de Joël Robuchon*, nouveau restaurant chinois du cuisinier de haut vol. Encore un drôle de mélange des genres… Alors, pourquoi se faire *excuser* ? De deux choses l'une, ou ce sénateur représentait le Sénat lors de son voyage en Chine et son tableau d'activités publié sur le site du Sénat devait alors indiquer « Déplacement organisé par le Sénat » ou il ne devait pas être *excusé*…

En fait, la question semble beaucoup plus terre à terre. Comme nous le verrons plus loin, chaque sénateur était tenu d'assister à 2 des 3 votes solennels (les 26 janvier, 1er et 22 mars) organisés au premier trimestre 2016. Tout simplement pour échapper à une retenue financière. Or, l'ancien Premier ministre a bien été présent au vote du 26 janvier, mais absent sans être *excusé* le 1er mars. Donc, il lui était impératif d'être *excusé* le 22 mars, sinon il se voyait retirer 2 100 euros sur son indemnité de fonction.

---

9. Mail envoyé à l'auteur le 11 avril 2016.

Et mon Dieu, 2 100 euros non imposables, c'est toujours bon à prendre…

Question aussi de communication, semble-t-il. On ne doit pas dire et encore moins écrire que le président d'une prestigieuse commission du Sénat a abandonné son poste, le temps d'aller faire un voyage à l'autre bout du monde pour aider un de ses compatriotes du département de la Vienne à ouvrir un restaurant et de ramener des financiers chinois soucieux d'investir dans le même département.

Jean-Pierre Raffarin ne fait donc pas grand-chose pour améliorer l'image des sénateurs. Mérite-t-il ses 9 150 euros au *black* que lui verse le Sénat chaque mois et sa voiture de dignitaire de la Haute Assemblée avec chauffeur, alors qu'il en a déjà une à disposition en tant qu'ancien Premier ministre ? Renseignement pris, cette dernière reste dans le département de la Vienne, où elle lui sert pour ses déplacements locaux.

Président de groupe politique, privilège fiscal…

Dernier groupe de dignitaires du Sénat à empocher une indemnité de fonction supplémentaire de 2 030,64 euros et donc un total mensuel au *black* de 9 150 euros : les 6 présidents de groupes politiques. Sans entrer dans les détails, le règlement du Sénat attribue des compétences très importantes à ces présidents, garantissant en principe aux groupes de l'opposition comme de la majorité, de participer à la prise de décisions collectives, d'être représentés dans les organes internes du Sénat, et mandatés par la Haute Assemblée dans les organismes extra-parlementaires ou internationaux.

Parmi ces 6 présidents, l'un d'entre eux domine nettement ses collègues en matière d'assiduité. Sénateur du Cantal, Jacques Mézard, 70 ans, préside le groupe RDSE qui compte 17 membres, dont 3 apparentés. Avocat à la retraite et sénateur depuis 2008, il se classe 21e parmi les sénateurs les plus actifs au palais du Luxembourg, alignant 38 semaines de présence sur 40 et 122 participations à des commissions de février 2015 à 2016. Ce membre du Parti radical de gauche préside pourtant la Communauté d'agglomération du bassin d'Aurillac (53 000 habitants). Sa double règle d'or semble révolutionnaire à nombre de ses collègues. En session, il ne quitte pas le palais du Luxembourg, le mardi, le mercredi et le jeudi. Et il ne demande jamais à être *excusé* pour une absence. En un mot, Jacques Mézard est le seul président de groupe politique exemplaire et qui mérite donc, si l'on peut dire, son indemnité de fonction n° 2 de 2 030,64 euros, et donc de recevoir chaque mois au *black* un total de 9 150 euros...

Loin derrière lui, Mme Corinne Bouchoux (vice-présidente et présidente du groupe des 10 écologistes jusqu'en mai dernier et aujourd'hui secrétaire du bureau du Sénat) se classe 85e avec 37 semaines de présence sur 40 et 107 participations à des commissions. À la différence de Jacques Mézard, cette directrice d'école de l'enseignement public en détachement au Sénat ne possède aucun mandat local dans son département du Maine-et-Loire. Certes, cette militante des Verts arrive un peu de la planète Mars avec un parcours de militant associatif impressionnant : SOS racisme à la faculté, Unef-ID à Sciences Po Paris, Ligue des droits de l'homme, Gisti (Groupe d'information et de soutien aux travailleurs immigrés), Planning familial et Quazar, association gay et lesbienne angevine. Membre du groupe « Europe Écologie les Verts » et ouvertement homosexuelle, cette quinquagénaire a joliment résumé sa vision du Sénat à une journaliste du *Parisien* : « C'est une Assemblée d'hommes blancs de plus de 64 ans, un petit peu bedonnants et c'est *hétéroland*[10] ». En découvrant le Sénat, elle a été frappée par le « faste des locaux ». « On se croirait à Versailles », dit-elle toujours au *Parisien*. Le gaspillage de l'électricité l'a également scandalisée : « Tout reste allumé pendant les séances. On pourrait faire des super-économies d'énergie. » « Enfin, c'est le panthéon de l'amabilité, note-t-elle. C'est bien, mais ça favorise l'immobilisme et le conservatisme, car on passe beaucoup de temps dans le respect des formes. Je ne suis pas venue ici pour faire des courbettes, mais des lois. » La première fois qu'elle a pris la parole en commission des Lois, un silence d'étonnement l'a accueillie : « Un collègue socialiste m'a expliqué qu'ici on attend deux ou trois ans avant de proposer un texte. » Principale différence avec Jacques Mézard, Corinne Bouchoux s'est fait *excuser* pendant 3 semaines au mois de mars 2016 pour des raisons médicales, comme elle nous

10. Voir « Corinne Bouchoux : *je ne suis pas venue ici pour faire des courbettes* », *Le Parisien*, 27 décembre 2011.

l'a écrit. Comme lui, cette écologiste empochait jusqu'en mai 2016 un total mensuel au *black* de 9 150 euros (dont 2 030,60 euros d'indemnité en tant que présidente de groupe écologiste) qu'elle reversait, selon la lettre qu'elle nous envoyée, à une association. Aujourd'hui, en tant que secrétaire du Sénat, elle reçoit 695,81 euros mensuel brut qu'elle reverse à une association. Mais elle ne dispose pas de voiture de fonction avec chauffeur. En effet, son groupe comprend 10 parlementaires, alors qu'il en faut 15 pour avoir droit à ce privilège.

Classé 94e au hit-parade des bons élèves avec 35 semaines de présence sur 40 et 49 participations en commission, Didier Guillaume, 55 ans, préside le groupe parlementaire PS qui regroupe 112 membres de ce parti et apparentés. Agent du Trésor public détaché comme parlementaire, ce sénateur de la Drôme élu et réélu depuis 2008 a été président du conseil général de son département jusqu'en avril 2015. Aujourd'hui non cumulard, il s'est fait *excuser* par les questeurs 4 jours au mois de mars 2016, puis du 5 au 21 avril suivant. Plus généralement, Didier Guillaume est toujours présent au palais du Luxembourg le mardi et le mercredi, plus rarement le jeudi. Cet ancien premier vice-président du Sénat de 2011 à 2014 ne mérite donc pas trop les 9 150 euros au *black* (dont 2 030,60 en tant que président de groupe) que lui verse chaque mois la Haute Assemblée.

Président du groupe UDI-Union centriste qui regroupe 43 sénateurs, François Zocchetto, 57 ans, est également maire de Laval (51 000 habitants) et président de la Communauté d'agglomération de cette ville (100 000 habitants). Il se classe 104e au podium des meilleurs élèves du Sénat avec 35 semaines de présence sur 40 et 59 participations en commission. Comme son collègue socialiste Didier Guillaume, François Zocchetto est toujours au palais du Luxembourg le mardi et le mercredi, plus rarement le jeudi, notamment jamais l'après-midi. Lui non plus ne mérite donc pas trop les 9 150 euros que chaque mois la Haute Assemblée lui verse au *black* (dont 2 030,60 euros en tant que président de groupe).

Présidente du groupe CRC (Communiste républicain et citoyen), Éliane Assassi, 56 ans, se classe 130e au hit-parade des sénateurs bons élèves avec 33 semaines de présence sur 40 et 36 présences en commission. Cette sénatrice de Seine-Saint-Denis et directrice de communication de profession reste vissée au palais du Luxembourg le mardi, le mercredi et le jeudi depuis l'entrée en vigueur des mesures de retenues financières en octobre 2015 contre les sénateurs peu assidus. Elle fait donc des efforts pour mériter ses revenus défiscalisés, un peu plus de 9 150 euros chaque mois, dont 2 030,64 euros en tant que présidente de groupe. De plus, elle ne s'est jamais fait *excuser* depuis octobre 2015.

Le moins assidu des six chefs de groupes politiques, Bruno Retailleau, 55 ans, préside les 143 membres et apparentés du groupe LR au Sénat. Il se classe 180e sur 348 avec 32 semaines de présence sur 40 et la participation à 41 séances de commission. Intelligent, très à l'écoute, excellent orateur, cet ancien bras droit de Philippe de Villiers est un bourreau de travail. Coupé en trois entre ses fonctions de président de la région des Pays de la Loire, son mandat de sénateur de la Vendée et celui de président des Républicains au Sénat, Bruno Retailleau démontre malgré ses nombreux talents l'impossibilité matérielle de mener toutes ces mandats de front. Ainsi, en novembre et décembre 2015, était-il rare au Sénat pour cause de campagne électorale. Certes, à l'inverse de nombreux autres sénateurs, il ne s'est jamais fait *excuser* pour une de ses absences auprès des questeurs. Bruno Retailleau ne mérite donc pas, si l'on peut dire, son indemnité de fonction n° 2, 2 030,64 euros qui vient s'ajouter, comme pour ses collègues présidents de groupe politique, aux 7 210 euros défiscalisés que tout sénateur reçoit chaque mois.

Trois mauvais exemples : Frédérique Espagnac (PS), Bruno Gilles (LR) et Valérie Létard (UDI)

Parmi les 45 dignitaires du Sénat, 26 constituent le bureau de la Haute Assemblée : le président, les 8 vice-présidents, les 3 questeurs, et les 14 secrétaires. Le bureau est l'organe collégial, consensuel et très secret de gouvernance du Sénat, qui se réunit chaque jeudi vers 17 heures. Nous avons déjà passé en revue les membres de ce bureau, sans encore parler des 14 secrétaires. Ces derniers sont en majorité les moins gradés et les plus jeunes des dignitaires, désignés par les groupes politiques au prorata de leur importance numérique. Des jeunes pousses pleines d'avenir au sein de la Haute Assemblée qui se voient octroyer la plus petite indemnité de fonction n° 2. Très exactement 695,81 euros par mois, dont il faut déduire quelques dizaines d'euros pour la CSG et la CRDS. Ainsi, ces 14-là touchent-ils chaque mois pas loin de 8 000 euros très légalement exonérés d'impôt sur le revenu… Parmi les 14, tous les bords politiques sont représentés : 6 LR, 4 PS, 1 RDSE, 1 écologiste, 1 UDI et 1 non-inscrit.

Trois cancres affirmés sévissent parmi ces 14 secrétaires. La première, Frédérique Espagnac, 42 ans, sénatrice socialiste des Pyrénées-Atlantiques depuis 2011. Apparatchik du PS, elle a été attachée de presse de François Hollande, premier secrétaire du PS de 1997 à 2008. Cette conseillère régionale de la région Aquitaine-Limousin-Poitou-Charentes ne se rend que très rarement à la réunion hebdomadaire du bureau du Sénat qui constitue le seul job d'un secrétaire de la Haute Assemblée. De novembre 2015 à mars 2016, elle a participé une seule fois à cette assemblée, le 17 mars dernier. Au hit-parade des mauvais élèves, Frédérique Espagnac se classe, selon l'association Regards citoyens, 36e avec 20 semaines de présence sur 40 et 27 participations à des commissions (toujours de février 2015 à février 2016). Mais, en tant que secrétaire du bureau, elle est battue par un super-cancre, le sénateur marseillais Bruno Gilles.

Sénateur LR des Bouches-du-Rhône et patron de cette formation dans ce département, Bruno Gilles, 45 ans, est aussi super-cumulard. Cet apparatchik du RPR depuis l'âge de 19 ans est conseiller communautaire de Marseille-Provence et maire du 3e secteur de Marseille (soit le patron d'un exécutif chapeautant 94 000 habitants), ce qui lui interdirait, en fait, d'assister aux séances du bureau du Sénat, le jeudi vers 17 heures. Ainsi, de novembre 2015 à mars 2016, ce très proche de Jean-Claude Gaudin a-t-il participé à seulement 3 des 18 séances du bureau du Sénat ! Il a trouvé la parade, se faisant *excuser* pendant dix-neuf jours au 1er trimestre 2016 par les questeurs pour des réunions du bureau. Le cumul des mandats est sans doute un cas de force majeure… Le sénateur Bruno Gilles ne fait rien pour améliorer l'image du Sénat. Sa religion, selon son tableau d'activités, est publiée sur le site du Sénat : il ne vient à la Haute Assemblée que le mardi et le mercredi dans le meilleur des cas. Il empoche au passage, en toute légalité, 8 000 euros mensuels au *black*.

Troisième et dernier canard boiteux parmi les 14 secrétaires du bureau du Sénat : Valérie Létard (UDI), 52 ans, a assisté à une seule (!) des réunions hebdomadaires de ce bureau entre novembre 2015 et mars 2016. Exactement, le 17 mars 2016. Cette assistante sociale en détachement comme parlementaire (qui se déclare « sans profession » depuis 1998) exerce les fonctions de première vice-présidente du conseil régional des Hauts-de-France (6 millions d'habitants) depuis le 4 janvier 2016, d'adjointe au maire de Valenciennes et de présidente du conseil d'administration de l'Établissement public foncier des Hauts-de-France. Autant de fonctions que la sénatrice Valérie Létard ne pourra plus occuper avec la loi sur le non-cumul des mandats qui entre en vigueur à partir du 31 mars 2017. Et autant de rémunérations que cette parlementaire ne pourra plus cumuler. Mais ses 8 000 euros versés chaque mois au *black* par le Sénat restent – et de loin – l'indemnité la plus intéressante, mais la moins méritée… Mme Valérie Létard ne redore pas l'image salie par le *Sénat bashing*, mieux, elle participe indirectement à cette entreprise de dénigrement. Ainsi, selon le *Journal officiel*, a-t-elle réussi à se faire *excuser* 3 fois par les questeurs au dernier trimestre 2015, pour ne pas assister aux séances de la commission des Affaires économiques, les mercredi 15 octobre, 9 et 16 décembre. Petit souci : publié sur le site du Sénat, le tableau de ses activités indique qu'à ces 3 dates la sénatrice est simplement absente ! Que veut-on cacher ? À l'époque, Valérie Létard, tête de liste de Xavier Bertrand aux régionales dans le Nord, était en pleine campagne électorale. La lutte contre le Front national justifie, dans ce cas précis, n'importe quoi…

Xavier Bertrand, Valérie Létard et Natacha Bouchart…

Il est vrai que la sénatrice Valérie Létard ne fait pas toujours ce qu'elle veut. Son père, homme d'affaires, alors député européen élu sur la liste UDF, mentor et ami de Jean-Louis Borloo, avait intercédé en faveur de sa fille, parachutée en 2001 aux sénatoriales du nord à la 2e place sur la liste panachée RPR-UDF (aujourd'hui LR-UDI). Devenue patronne de l'UDI dans ce département, Valérie

Létard est aujourd'hui indirectement victime des promesses de campagne de Xavier Bertrand, président LR du conseil régional des Hauts-de-France. Tout parlementaire élu sur sa liste LR-UDI devait démissionner de son mandat national pour se consacrer au conseil régional. En décembre 2015, Xavier Bertrand, 50 ans, a abandonné son siège de député et de maire de Saint-Quentin. Il a conservé uniquement son mandat de président de la communauté d'agglomération de cette ville, s'y faisant discrètement voter le 26 janvier une augmentation de son indemnité mensuelle de 4 000 euros brut. Gérald Darmanin, 33 ans, élu 2e vice-président LR du conseil régional des Hauts-de-France et maire de Tourcoing, a de même démissionné de l'Assemblée nationale. Natacha Bouchart, 52 ans, élue 5e vice-présidente du conseil régional, a, elle, démissionné en janvier 2016 de son mandat de sénatrice LR du Pas-de-Calais, tout en conservant ses fonctions de maire et de présidente de la communauté d'agglomération du Calaisis. Et sans scrupule, elle s'est fait embaucher comme assistante parlementaire par son successeur au palais du Luxembourg, le sénateur LR Jean-François Rapin, pour compenser partiellement le manque à gagner crée par la perte de son mandat parlementaire. Mais face au scandale, elle a démissionné quelques jours plus tard. Elle n'a cependant pas oublié de faire valoir ses états de service pour les sénatoriales de septembre 2017, où elle compte se présenter…

Contrairement à Natacha Bouchart, Valérie Létard n'a pas pu et pas voulu quitter le palais du Luxembourg.

En effet, quitter son fauteuil sénatorial, c'était installer à sa place une sénatrice ou un sénateur LR, un parti aujourd'hui ultra-majoritaire sur la liste UMP-Nouveau Centre élue en 2011 dans le Nord. Chez les centristes de l'UDI, cette possibilité a provoqué une levée de boucliers et Jean-Christophe Lagarde, le patron de cette formation, n'y était pas favorable. Aussi, pour montrer sa bonne volonté à Xavier Bertrand, Valérie Létard a démissionné de son mandat de présidente de la communauté d'agglomération de Valenciennes Métropole (349 000 habitants). La loi ne l'y obligeait pas et cela représente un crève-cœur personnel car elle a effectué tout son parcours politique à Valenciennes, mais elle n'essuie aucune perte financière. En effet, en tant que première vice-présidente de la région, elle ne gagnera pas un centime de plus pour des raisons de cumuls financiers maximum par rapport à son indemnité parlementaire. Soit 2 270 euros mensuels nets.

La conservation de son mandat au palais du Luxembourg lui donne un avantage financier évident en matière d'imposition sur le revenu (8 000 euros mensuels au *black* « légal ») et la possibilité d'être une nouvelle fois ministre en cas d'arrivée de la droite au pouvoir. Elle pourra alors, à tout moment, retrouver son poste de sénateur, mais pas celui de vice-présidente du conseil régional. Valérie Létard devrait se représenter aux prochaines sénatoriales en 2017 après avoir abandonné son mandat exécutif à Lille en raison d'un cumul qui sera légalement devenu impossible.

Des cumulards « très » remboursés

Non soumises à l'impôt sur le revenu, les deux indemnités de fonction et l'Irfm sont particulièrement intéressantes pour la soixantaine de sénateurs qui n'ont strictement aucuns frais. Concrètement, la trentaine de sénateurs-maires de villes de plus de 10 000 habitants, la vingtaine de sénateurs président de Communauté d'agglomération ou de Métropole, les 14 sénateurs présidents d'un conseil départemental et les 2 sénateurs présidents de région (La Réunion et Pays de la Loire) bénéficient en effet, et en toute légalité, de frais de représentation à l'année (non imposables) dans des conditions fixées par un vote de ces collectivités locales. Collectivités qui, par ailleurs, peuvent fournir un véhicule et un chauffeur au responsable de leur exécutif, sans que le président de cet exécutif, s'il est sénateur, ait à assurer son entretien avec son Irfm. « Si une délibération de l'assemblée locale est nécessaire pour acheter des voitures, c'est le plus souvent l'exécutif seul qui décide des bénéficiaires », regrette René Dosière[11]. Ainsi, près de 70 sénateurs roulent dans des voitures de fonction avec chauffeur payées par la collectivité qu'ils dirigent. Le code général des collectivités locales prévoit que les frais de fonction de maire et de président de collectivités (agglomération, métropole, département ou région) sont pris en charge à l'année par chaque collectivité suite à un vote de celle-ci. En avril 2017, la fin des privilèges liés au cumul des mandats (la non-imposition de l'Irfm et

11. Voir « Avantages en nature des élus locaux : les règles du jeu », *Le Courrier des maires et des élus locaux*, 10 mai 2010.

des indemnités de fonction) va faire beaucoup de dégâts parmi cette soixantaine de sénateurs.

Enfin, *last but not least*, le sénateur (UMP) des Vosges Christian Poncelet a joui pendant six ans, de 2008 à 2014, en tant qu'ancien président du Sénat, d'une « prime mensuelle spéciale de retraite » de 4 320 euros bruts par mois. Cette prime « de retraite » était fiscalement considérée comme une indemnité « de fonction » et échappait donc à l'impôt sur le revenu. Dès son arrivée à la tête du Sénat en 2008, Gérard Larcher, a annoncé publiquement qu'il renonçait par avance à cette prime de 4 320 euros.

Gérard Larcher : 13 900 euros chaque mois au *black* !

Au total, pour les dignitaires, le plus savoureux n'est pas, encore une fois, le montant des sommes supplémentaires qui leur sont allouées – comme tout le reste, elles peuvent probablement trouver leur justification et ne sont pas en soi extravagantes –, mais le fait qu'elles sont versées aux élus sous forme d'indemnité de fonction et, à ce titre, exonérées d'impôt, avantage absolument incroyable et, pour le coup, parfaitement injustifié.

Il faut répéter – à tout seigneur tout honneur – que Gérard Larcher, par exemple, perçoit tous les mois 11 350 euros nets (comme n'importe quel sénateur) auxquels s'ajoute, en tant que président, une indemnité de fonction de

7 050 euros, dont sont déduits quelques centaines d'euros au titre de la CSG et de la CRDS. Soit un total net d'un peu plus de 18 000 euros. Mais il ne paie ses impôts sur le revenu, comme n'importe quel sénateur de base, que sur 4 140 euros ! Certes, le 18 novembre 2008, le bureau du Sénat a eu beau jeu d'annoncer que Gérard Larcher renonçait, par mesure d'économie, à 30 % de cette prime de fonction supplémentaire dite « prime de président », qui atteignait alors plus de 10 000 euros chaque mois. Dont acte. À la même époque, ce président du Sénat avait « renoncé pour la durée de son mandat à occuper l'appartement officiel de fonction de 140 m^2 de la rue Bonaparte pour occuper celui de 99 m^2 situé au-dessus de son bureau les jours de séance et de réunion ». Certes. Mais pourquoi n'a-t-il pas alors renoncé aussi à la « non-fiscalisation » de sa prime de fonction de président de 7 050 euros ?

Toujours est-il que le président du Sénat, troisième personnage de l'État – derrière le président de la République et le Premier ministre, avant le président de l'Assemblée nationale –, reçoit tous les mois – et en toute légalité – 13 900 euros au *black* !

Nous vivons une époque formidable ! Vive la République ! Vive le Sénat !

Les inconvénients de ce système sont, pour la collectivité, aussi criants que ses avantages, sur le plan matériel, le sont pour ceux qui en bénéficient.

Comment accepter une telle distorsion entre les Français ? Une telle inégalité devant l'impôt ? D'un côté ceux qui paient les impôts sur le revenu, de l'autre ceux qui en sont exemptés... Tel décalage suggère l'idée qu'on en est revenu – si on en était jamais parti – au temps de l'Ancien Régime, avec, au sens propre, ses privilèges, ses corvées, la dîme, etc.

Ces avantages fiscaux sont choquants parce qu'ils profitent précisément à des parlementaires, dont une des activités est de voter la loi, le cas échéant d'imposer des sujétions aux citoyens, et que, par la force des choses, les sénateurs passent leur existence à voter de nouveaux impôts, qui vont peser, parfois lourdement, sur les contribuables. Mais pour eux, ils se sont inventé ces indemnités commodes qui, à rebours de tous les usages de l'administration fiscale, échappent à l'impôt. C'est inouï. D'autant plus inouï, incidemment, que ces fameuses « indemnités de fonction », non imposables, servent tout de même à asseoir les cotisations de la retraite des heureux élus...

Ces avantages sont choquants parce qu'il n'est pas difficile de penser à leurs conséquences sur le plan psychologique. Il n'est pas impossible de craindre que les avantages matériels, sonnants et trébuchants, des fonctions en question prennent le pas sur leurs aspects politiques, sur le sens de l'intérêt général et, pour tout dire, sur la noblesse de ces fonctions.

Enfin, et peut-être surtout, ces avantages fiscaux accordés aux sénateurs et aux « dignitaires » du Sénat en particulier constituent une entrave terrible pour les sénateurs s'il prenait l'envie au Sénat de contrôler vraiment le ministère de l'Économie et des Finances, comme ils en ont le droit. Comment exercer un contrôle sérieux sur un ministère si bienveillant, si le sénateur lui-même profite de privilèges fiscaux légaux, mais tout à fait scandaleux ?

Des indemnités illégales ?

Pour l'instant un seul sénateur a pris position en faveur de la fiscalisation d'une indemnité parlementaire, l'Irfm. Interrogé par le journaliste François Tonneau du quotidien régional *La Provence*, Bruno Gilles, sénateur LR des Bouches du Rhône, patron de ce parti dans le département et maire de secteur à Marseille, pointe les réformes faites ou à faire au Sénat : « Il y a eu des améliorations, un code de déontologie a été voté, des règles clarifiées sur les frais, mais il faudra crever l'abcès en fiscalisant par exemple cette Irfm[12]. » Que voulait-il dire exactement ? Bruno Gilles n'a pas explicité son idée de fiscaliser cette enveloppe de frais forfaitaire mensuelle d'environ 6 000 euros net accordée aux 348 sénateurs sans exiger le moindre justificatif ou facture. Une telle fiscalisation de l'Irfm ne réglerait pas tout… Ainsi, en mars 2016 au Canada, 14 des 105 sénateurs ont

12. « Les sénateurs tentent de ralentir leur train de vie. Plus de transparence et des sanctions contre l'absentéisme suffiront-elles », *La Provence*, 25 janvier 2016.

été obligés de rendre 178 000 dollars (121 000 euros) de frais indus que le Sénat d'Ottawa leur avait remboursés sur facture[13]. Le juge chargé de ce dossier et la GRC (Gendarmerie royale du Canada) n'avaient pas à juger de l'intention criminelle des parlementaires, mais du simple respect des règles du Sénat canadien. En clair, ces sénateurs avaient inventé des dépenses imaginaires en produisant des factures fictives de logement, de transport ou de repas.

Mais ces indemnités non fiscalisées (Irfm et celles des 45 sénateurs dignitaires) ne sont-elles pas en plus illégales ? Professeur de mathématiques dans le Lot-et-Garonne et président de l'association Pour une démocratie directe, Hervé Lebreton, 45 ans, s'en dit convaincu et portera si nécessaire l'affaire devant les tribunaux. Pour l'instant, cet importun a envoyé, le 18 et 19 avril 2016, deux courriers à Gérard Larcher pour lui demander de mettre fin aux « versements de ces indemnités illégales ». Il explique :

> L'article 25 de la Constitution de la Ve République fixe avec l'ordonnance numéro 58 1210 du 13 décembre 1958 le montant de l'indemnité parlementaire qui ne prévoit que le versement de deux indemnités mensuelles brut aux sénateurs, la première dite de base de 5 514 euros et l'indemnité de fonction de 1 420 euros. Mais trois autres indemnités sont versées à ces parlementaires, hors du cadre constitutionnel, à savoir l'indemnité de résidence, l'Irfm et les

13. Cf. Hugo de Grandpré, « Dépenses inappropriées : 14 sénateurs devront rembourser 121 000 euros », *La Presse*, 21 mars 2016.

> indemnités supplémentaires réservées aux 45 dignitaires du Sénat. Ces indemnités sont en plus défiscalisées. La question, c'est de savoir si le président du Sénat doit gagner plus, moi je n'en suis pas persuadé. C'est une fonction, ce n'est pas un métier. Pour cela, il doit avoir des moyens supplémentaires à sa disposition mais pas de « salaire » supplémentaire. La loi doit être respectée par les petits comme par les forts[14].

Hervé Lebreton a envoyé pratiquement la même lettre à Claude Bartolone, président de l'Assemblée. Selon lui, les députés reçoivent ces trois mêmes indemnités dans les mêmes conditions illégales. Autant d'indemnités qui n'ont comme support juridique qu'une décision du bureau du Sénat ou de l'Assemblée nationale. L'affaire donnera peut-être lieu à un beau débat judiciaire devant les tribunaux. L'Irfm, l'indemnité de résidence et celle versée aux 45 dignitaires du Sénat ne sont en effet pas prévues par la constitution de 1958. Professeurs de droit et expert pourront arguer du fait que ces trois indemnités ne sont pas obligatoires, tout en n'étant pas interdites…

Hervé Lebreton n'en est pas à son coup d'essai. En 2013 déjà, il avait obtenu par décision de justice la communication par le ministère de l'Intérieur de la liste de la « réserve parlementaire » de 2011 versées aux collectivités territoriales. Il s'agissait d'une première liste de toutes les subventions annuelles, attribuées, jusque-là dans le plus grand secret,

---

14. Entretien avec l'auteur, 20 juillet 2016.

par les députés et les sénateurs aux collectivités locales et aux associations de leur département. Pour obtenir cette liste malgré l'avis favorable de la Commission d'accès aux documents administratifs, il avait dû saisir le tribunal administratif qui avait obligé le ministère à s'exécuter... L'association Pour une démocratie directe a dû de nouveau saisir la justice pour obtenir la liste des subventions versées aux associations en 2012. Depuis, grâce à l'action d'Hervé Lebreton aidé de quelques journalistes, le Sénat publie chaque année sur son site la ventilation des 53 millions d'euros affectés aux groupes politiques du Sénat en fonction de leurs effectifs. Soit une dotation moyenne annuelle de 153 000 euros que chaque sénateur peut créditer au bénéfice d'associations et de collectivités locales. Ce « petit » cadeau permet par exemple de rénover ici ou là le toit ou le clocher d'une église, de retaper un chemin vicinal ou un petit pont, d'aider à la construction d'une salle des fêtes ou encore de financer un voyage de seniors à Paris. Une forme de clientélisme politique qui cimente la fidélité des électeurs de chaque sénateur, électeurs qui sont en quasi-totalité des conseillers municipaux... Avant l'intervention d'Hervé Lebreton, l'attribution de cette réserve parlementaire se faisait dans l'opacité la plus totale. Grâce à ce système, des sénateurs ont pu être réélus sans interruption jusqu'à leur décès, quelquefois pendant presque un demi-siècle. Aujourd'hui, Hervé Lebreton demande la suppression de la réserve parlementaire (rebaptisée « Dotation d'action parlementaire ») tant au Sénat qu'à l'Assemblée nationale.

II

70 tricheurs rois de l'absentéisme

Yves Guéna a enfilé tour à tour les habits de haut fonctionnaire, député, ministre, sénateur, membre puis président du Conseil constitutionnel. Autant dire qu'au soir de sa vie, l'ancien maire de Périgueux (Dordogne) pendant près de vingt ans avait du recul et une vue panoramique sur le paysage politique. Avant de mourir en mars 2016, cet ancien vice-président gaulliste du Sénat a eu le courage de dénoncer le cancer de la Haute Assemblée, l'absence d'une bonne partie de ses membres :

> Au Sénat, nous sommes environ un tiers de moins qu'à l'Assemblée nationale. Sur cet effectif réduit, un tiers ne siège jamais et un tiers rarement. Sur le tiers qui reste, un tiers n'intervient guère, un tiers rarement. Tout se joue entre une trentaine de sénateurs. C'est apaisant[1].

Rien n'a changé. Il suffit d'assister, à n'importe quel moment de l'année, à une séance du Sénat, dans le

1. *Mémoires d'Outre-Gaulle*, Flammarion, 2010.

prestigieux Hémicycle du palais du Luxembourg. Sauf les jours où la presse, caméras de télévision en tête, est convoquée, il n'y a jamais grand-monde. Les séances du Sénat sont ouvertes au public. Avec les menaces d'attentats, l'accès est devenu un peu plus compliqué, mais le principe demeure : le Sénat se réunit sous le regard des citoyens. Les séances sont du reste filmées, et diffusées sur une chaîne de télévision interne qui permet, théoriquement, à tout un chacun de suivre les débats.

En pratique, l'Hémicycle reste très clairsemé. Sont rituellement présents dans les travées du public quelques curieux (des étudiants ?), deux ou trois personnes intéressées aux questions examinées ce jour-là, attentives, qui prennent des notes, surveillent les présents et leurs prises de position, et qui sont elles-mêmes observées par les appariteurs chargés de veiller à ce que les spectateurs restent calmes et ne perturbent pas le travail des élus. C'est la moindre des choses. Dans l'Hémicycle, 10 ou 12 sénateurs, pas plus. Yves Guéna était sans doute optimiste en évoquant une trentaine de présents : il y en a généralement moins. La séance est présidée par un vice-président, inconnu du grand public, qui répartit les temps de parole. Le ton est ennuyeux. En habit, des huissiers à chaîne vont furtivement dans les travées apporter des petits mots aux élus présents. Le ministre ou le sous-ministre expose sa petite affaire, invoque des grandes notions, des principes. Devant une assemblée désertée. Ton morne. Sujet technique, ennuyeux. Références aux travaux de la commission des Finances. On comprend que personne ne se bouscule à ce genre de réunion. Des sénateurs sont attentifs, d'autres ne paraissent pas écouter, griffonnent du papier, de temps en temps lèvent un œil, approuvent ou protestent, avec un ton de théâtre. « Oui, non », leurs commentaires ne vont pas au-delà. Quelques élus dorment.

C'est ainsi, par exemple, que s'examine le budget de la France – sujet rasoir s'il en est, mais essentiel –, que se décide l'affectation de millions et de millions d'euros... Dans l'indifférence à peu près absolue, dans l'assoupissement général, au milieu de l'après-midi. Il est juste de rappeler que ces débats animés sont filmés, et diffusés en dehors de l'Hémicycle sur des téléviseurs répartis dans les bâtiments du Sénat, et jusque dans ses moindres recoins... Ainsi, confortablement affalé dans un fauteuil, un sénateur peut assister, de son bureau, et se rendre seulement dans l'Hémicycle pour y prendre la parole.

Pratiques anticonstitutionnelles

Qu'on s'absente ou qu'on roupille à l'occasion d'un débat ennuyeux, trop technique, auquel on ne peut rien apporter, pourquoi pas ? Mais l'absentéisme des sénateurs va beaucoup plus loin. Le Parlement – donc le Sénat – vote les lois et parfois les propose : pourquoi se dispenserait-il de les respecter ? Depuis longtemps, les parlementaires s'arrangent en effet avec la Constitution : ce que la loi suprême proscrit ou prévoit à titre très exceptionnel est depuis des décennies devenu la règle, au Sénat comme à l'Assemblée nationale, sans que cela choque qui que ce soit. « Tout mandat impératif est nul, indique l'article 27 de la Constitution. Le droit de vote des membres du Parlement est personnel. La loi organique peut autoriser exceptionnellement la délégation de vote. Dans ce cas, nul ne peut recevoir délégation de plus d'un mandat. » Qui s'en soucie ?

Prenons l'exemple du vote de la loi sur le non-cumul des mandats. Elle a été adoptée le 15 janvier 2014 en scrutin public ordinaire par 177 voix contre 117, soit 294 voix exprimées pour 348 élus. Or, les images de télévision du vote montrent un Sénat comme toujours quasi désert (une vingtaine de fauteuils occupés tout au plus) et seulement une poignée de sénateurs – sept ou huit – se déplaçant jusqu'aux urnes… Scène très ordinaire, bien loin d'être un cas isolé, rendue possible par des entorses flagrantes à la loi, qui ne tolère qu'exceptionnellement la délégation de vote, et à la condition qu'un parlementaire ne porte pas plus d'une délégation lors d'un scrutin. La pratique courante est bien différente : les parlementaires – en l'occurrence les sénateurs – se font représenter de manière tout à fait ordinaire, et il n'est pas rare – ce qui est parfaitement interdit par la Constitution… – qu'un seul sénateur apporte tous les bulletins des membres de son groupe, la plupart du temps absents. Les séances publiques deviennent ainsi d'authentiques pantalonnades, et les arguments le cas échéant développés en séance relèvent d'une comédie parfaitement inutile.

Bien que stigmatisé à longueur de semaine par les caméras de télévision, le terrible absentéisme des parlementaires reste caché par cet arrangement avec la loi lors de la plupart des votes. De plus, la majorité des textes – notamment les amendements – ne sont en général pas adoptés au scrutin public ordinaire, mais par vote à main levée, estimé plus pratique, mais en réalité parfaitement opaque, les votes n'étant pas publiés, et les comptages à vue parfaitement imprécis et rarement contestés. Par ce mode de scrutin, commode, mais en réalité digne d'une république bananière, l'ensemble d'une loi peut ainsi être voté par une ridicule poignée de parlementaires. Ce fut le cas par exemple le 12 avril 2013 lors du vote de la loi Taubira, qui ouvrait le mariage aux couples de personnes de même sexe, adoptée à la majorité des rares sénateurs présents.

Sénateur, un emploi fictif pour certains…

Quelles sont les obligations d'assiduité des sénateurs ? D'abord, leur présence n'est exigée que pendant la durée des sessions parlementaires. Elle commence début octobre pour se terminer fin juin, et comporte trois semaines d'interruption à Noël, une semaine en février et deux semaines à Pâques. L'année parlementaire dure environ quarante semaines. La semaine parlementaire, quant à elle, commence le mardi matin et se termine le jeudi soir, trois jours. C'est-à-dire qu'à ceux qui le désireraient ou qui en auraient besoin, ce rythme laisse quatre jours par semaine pendant les sessions, et douze semaines pleines par an pour faire autre chose que leur mandat de sénateur. Avec ces contraintes assez modestes, se faire remarquer par ses absences ne relève pas du hasard : il faut vraiment le faire exprès, y prendre peine… Autant dire que dans ce cadre, assez libéral, les sénateurs qui se signalent par leur absentéisme ne font strictement rien. « Il y a lieu de s'attaquer de façon très très concrète au problème d'absentéisme », a affirmé la sénatrice PS des Yvelines et ancien ministre, Catherine Tasca, le 4 novembre 2014 sur la chaîne de télévision Public Sénat. « Je dirais que s'est développée au Sénat, j'ose dire, presque une habitude d'emploi fictif pour certains sénateurs, et ça, ça n'est pas acceptable pour l'opinion. »

> Reconnaissons-le, mes chers collègues, c'est un aveu d'échec ! Comment peut-on se présenter à une élection pour ensuite ne pas accomplir le travail pour lequel on a été désigné ? Quoi qu'il en soit, la nature humaine étant ce qu'elle est et les échéances électorales ne revenant que tous les cinq ou six ans, voire davantage, il nous faut agir, tant l'absentéisme a un effet déplorable sur l'image et la crédibilité de notre institution. Nous approuvons donc également ce mécanisme de sanctions, même si nous observons qu'il ne suffira pas à lui seul à corriger les travers de certains.

Président du groupe UDI au Sénat, François Zocchetto a ainsi très bien résumé le trouble et la perplexité des sénateurs, le 13 mai 2015, lors du vote de la résolution mettant en place des sanctions contre les absents du palais du Luxembourg.

Le président Gérard Larcher n'a pas été le premier à mettre en place non pas des *sanctions financières*, mais des *retenues financières* pour lutter contre ce fléau de la Haute Assemblée : l'absentéisme. Les mots ont leur importance... Mais il est le premier patron du Sénat à avoir osé appliquer ces *retenues financières*, certes à dose homéopathique et de manière confidentielle pour le moment. Pourquoi ? Tout simplement pour sauver l'institution tout particulièrement attaquée en raison du manque d'assiduité d'une bonne partie de ses membres. Quelques vues d'une caméra dans l'Hémicycle quasiment vide du palais du Luxembourg provoquent un effet déplorable sur l'image et la crédibilité de l'institution.

Madame la sénatrice Corinne Bouchoux[2], vice-présidente puis présidente du groupe écologiste, replace la réforme Larcher dans son contexte :

> Les travaux préparatoires à cette réforme ont établi que jamais le Sénat n'a autant travaillé, que jamais il n'a autant siégé. Et pourtant, son image dans l'opinion publique n'a jamais été aussi fragilisée. C'est un cruel paradoxe, notamment pour ceux qui y consacrent tout leur temps.

Les responsables ? Certains qui n'ont jamais compris ou voulu comprendre que leur mandat de sénateur les

2. Prise de parole le 13 mai 2015 dans l'Hémicycle à l'occasion de l'examen du texte autorisant des retenues financières contre les sénateurs trop souvent absents.

obligeait à travailler au Sénat à Paris, trois fois par semaine, le mardi, le mercredi et le jeudi. C'est-à-dire les jours où ces législateurs font la loi en commission et en séance dans l'Hémicycle. Cette mini-révolution du président Gérard Larcher constitue un commencement, des balbutiements, des premiers pas difficiles à faire, il faut bien le reconnaître, même si nous sommes très critiques. Il faudra une sorte de rodage de plusieurs années pour sans doute mettre les choses en place, les caler... Grâce aussi à la suppression du cumul des mandats prévue pour avril 2017 et à l'augmentation du nombre de femmes sénatrices (25 % aujourd'hui), moins touchées par la plaie de l'absentéisme. Ainsi, comme nous le verrons plus loin, le président Gérard Larcher a-t-il annoncé, le 13 janvier 2016, que 14 sénateurs avaient subi des retenues financières de 2 100 euros chacun sur leur indemnité de fonction. Première application du nouveau règlement du Sénat en matière d'absentéisme, ces « punitions » visaient uniquement les paresseux du dernier trimestre 2015. Gérard Larcher s'est refusé de jeter en pâture les noms des 14 fautifs. Cette publicité est pourtant la seule vraie sanction, beaucoup plus dissuasive que toute perte financière sur l'indemnité de fonction. Or, comme nous le verrons plus loin, nous avons identifié les 14 « mauvais élèves » parmi lesquels il n'y a aucune sénatrice. Ce n'est pas un hasard...

Un comptage très artisanal des absents

On revient de loin, de très loin… Jusqu'en 1894 environ, les sénateurs émargeaient une liste de présence à leur arrivée en séance. Cette liste comprenait autant de petites cases numérotées que de parlementaires. Si plus de la moitié de ces cases était signée par un sénateur, le président de la Haute Assemblée pouvait ouvrir la séance, le quorum étant atteint. Sinon le même président attendait que l'Hémicycle soit rempli comme il le fallait ou, faute de quorum, n'ouvrait pas la séance. Un huissier pointait sur une liste le nom des sénateurs qu'il voyait arriver. À l'heure de l'informatique, du digital et des caméras vidéo, ce système bancal sert encore aujourd'hui notamment pour repérer les sénateurs absents à la séance hebdomadaire de questions d'actualité au gouvernement, le mardi ou le jeudi après-midi. Et le mardi après-midi, lors des explications de vote avant les votes à la tribune ou solennels. Quatre employés du Sénat, toujours les mêmes, identifient les présents, chacun pour un quart de l'Hémicycle.

Avant 1935, les listes de présence étaient annexées au procès-verbal de la séance. Aucun relevé récapitulatif par session n'était réalisé, ce qui interdisait toute possibilité de sanctionner l'absentéisme. De plus, la confection de ces listes n'avait rien d'une science exacte. En effet, le sénateur, dont l'huissier a pointé la présence, pouvait quitter l'Hémicycle quelques minutes plus tard sans jamais y revenir. Ce qui est encore vrai aujourd'hui tant au Sénat qu'à l'Assemblée nationale et laisse de nombreuses possibilités de tricheries…

Les chiffres les plus anciens en matière d'absentéisme des sénateurs remontent au début de la Ve République. Auparavant, il n'était pas question de repérer les sénateurs les moins assidus et encore moins de les punir. Officiellement au nom de la présence sacrée de ces parlementaires dans leurs territoires. En réalité, chaque sénateur avait la liberté d'aller et venir, comme il voulait, entre son département et le Sénat, et l'absentéisme était le cadet des soucis des groupes politiques, des questeurs et des présidents du palais du Luxembourg. L'arrivée de la Ve République et d'un monarque républicain marque la fin de cette République parlementaire toute-puissante. Certes, les questeurs ont continué à collationner les chiffres de l'absentéisme, mais pour la première fois, sous la pression de l'Élysée et du Conseil constitutionnel, ils ont calculé les premières moyennes globales, année par année. Ainsi, de 1959 à 1968, les séances dans l'Hémicycle au Sénat ont-elles enregistré une moyenne de 21 % d'absents[3]. Pour autant le pourcentage de 79 % de présents ne correspondait et ne correspond toujours à rien. En effet, cela ne veut pas dire que 79 sénateurs sur 100 ont assisté à toute une séance, mais que 79 d'entre eux sur 100 sont venus dans l'Hémicycle à un moment ou à un autre avant et, pour certains, repartis après avoir été pointés présents. Ces chiffres n'ont pas beaucoup bougé jusqu'à aujourd'hui. Selon les chiffres de la présidence du Sénat[4], au dernier trimestre 2015, les sénateurs absents

3. « L'absentéisme politique », *Courrier hebdomadaire du CRISP* (Centre de recherche et d'information sociopolitique), 1969 (n° 429), p. 1-26.
4. Voir annexe 5, les réponses de la présidence du Sénat à nos questions.

représentaient 17 % des membres des commissions permanentes hebdomadaires du mercredi, 27 % des 348 parlementaires lors des 11 séances de questions orales d'actualité au gouvernement et 12 % des mêmes à l'occasion des 4 votes solennels ou à la tribune.

Selon notre enquête, une moyenne de 20 % des 348 sénateurs, soit environ 70 parlementaires, n'assistent pas régulièrement aux séances dans l'Hémicycle, à celle hebdomadaire consacrée aux questions d'actualité au gouvernement et à certains votes solennels. La corporation des sénateurs paresseux, fainéants, cossards, désireux d'en faire le moins possible ou simplement débordés à force de cumuler mandats, fonctions et maladies, n'a guère changé en l'espace de près d'un demi-siècle. Sauf que ces tricheurs sont aujourd'hui très malins, la plupart réussissant à se faire *excuser* de manière à échapper à toute sanction financière. Or, un sénateur *excusé* est comptabilisé comme présent dans les statistiques de présence de la présidence du Sénat…

L'arme atomique contre l'absentéisme

Depuis le début de la Ve République, il y a près de soixante ans, le manque de volonté des présidents successifs du Sénat pour lutter contre l'absentéisme apparaît évident et constant. L'explication se cache derrière l'histoire juridique de nos institutions. Le troisième alinéa de l'article 2 de l'ordonnance n° 58-1210 du 13 décembre 1958 (portant loi organique relative à l'indemnité des membres du Parlement, prise pour l'application de l'article 25 de la Constitution) avait pourtant déjà tout prévu en la matière. Ce texte décidait que « le règlement de chaque assemblée détermine les conditions dans lesquelles le montant de l'indemnité de fonction varie en fonction de la participation du parlementaire aux travaux de l'assemblée à laquelle il appartient ». Aussi, la réglementation interne des deux assemblées avait-elle prévu des mécanismes de retenues financières. Dès 1959, un dispositif en ce sens existait au Sénat en cas d'absences répétées. L'article 15 du règlement intérieur de la Haute Assemblée prévoyait :

> En cas de trois absences consécutives non justifiées d'un sénateur dans une commission permanente[5], le bureau de la commission en informe le président du Sénat, qui constate la démission de ce sénateur, lequel ne peut être remplacé en cours d'année et dont l'indemnité de fonction est réduite de moitié jusqu'à l'ouverture de la session ordinaire suivante.

À partir de 1959 et jusqu'au 1er octobre 2015 (date de la mise en place des retenues financières votées au mois de mai précédent), ce mécanisme de double sanction de l'article 15, pécuniaire et politique, a été considéré comme une arme atomique par tous les présidents successifs du Sénat. Il devait provoquer une retenue mensuelle de 50 % de l'indemnité de fonction non imposable sur le revenu (1 420 euros) jusqu'à la nouvelle session ordinaire (soit pendant plusieurs mois), et la démission d'office du sénateur de la commission dont

5. Une telle assemblée se réunit déjà à l'époque 2 à 3 fois par semaine (NdA).

il était membre. Le sénateur « démissionné » ne pouvait être remplacé par aucun membre de son groupe jusqu'à la prochaine session. Ce parlementaire représentait donc une sanction politique pour son groupe, il ne pouvait plus voter dans sa commission. Or, en trois jours d'absences successives à sa commission, un sénateur risquait d'être ainsi doublement sanctionné. Au début de la Ve République, à un moment où le Sénat constituait la seule force d'opposition au général de Gaulle, il n'était pas question pour le président de la Haute Assemblée, Gaston Monnerville, d'appliquer ce règlement.

Cette disposition de l'article 15 du règlement intérieur de la Haute Assemblée n'a donc jamais été mise en œuvre par un président du Sénat sous la Ve République. Pas même par Gérard Larcher lors de son premier mandat de patron de la Haute Assemblée de 2008 à 2011. À une exception près, semble-t-il : le seul cas recensé dans les archives du Sénat remonte à 1959, lorsque le président de la commission des Affaires culturelles a signalé trois absences consécutives « non justifiées » ou « non excusées » (les mots ont encore leur importance comme nous le verrons plus loin…) du sénateur des départements d'Orléansville-Médéa, Menad Mustapha.

Un seul sénateur, Pierre-Yves Collombat (PS-Var), 70 ans, a pris publiquement position en faveur de la mise en application systématique de cet article 15. Classé 53e sur 348 au hit-parade des « bosseurs » au Sénat de février 2015 à février 2016, ce professeur agrégé de philosophie à la retraite de l'enseignement public et vice-président de la commission des Lois appuie là où ça fait mal en faisant allusion aux *excusés*. Il s'attaquait au principal non-dit lié à l'absentéisme. Une hypocrisie qui permet à des sénateurs oisifs, mais au relationnel important, d'échapper à toute retenue financière, quel que soit le système mis en place pour réprimer l'absentéisme. À l'abri d'un certificat médical bidon, mais difficile à contester, ou d'un « cas de force majeure » défini par la Constitution de 1958. Pierre-Yves Collombat ne mâchait pas ses mots à propos de l'ancienne réglementation sur les absences :

> Des dispositions existent en matière d'absentéisme. Elles ne sont pas appliquées parce qu'elles constituent, nous dit-on, la bombe atomique. Parce que le bureau [du Sénat] ne fait pas son travail et qu'il n'a pas eu le courage de demander la justification de la force majeure ! À partir du moment où la dispense pour ce motif est maintenue, la situation ne changera pas. Nous pourrons dire combien nous sommes vertueux, que tous les élus ne sont pas pourris. Que le bureau fasse son travail : si des collègues ne font rien, qu'il les sanctionne en appliquant les règles actuelles, un point c'est tout[6].

Pour replacer dans leur contexte ces phrases malheureusement prophétiques aujourd'hui, il faut décrire le système de répression de l'absentéisme, mis en place par le président Gérard Larcher à dater du 1er octobre 2015 et très largement

6. Intervention en commission des Lois, le 26 février 2014.

adopté, le 13 mai précédent, par la plupart des groupes politiques du Sénat. Trois sénateurs qui ne comptent pas parmi les plus assidus – David Rachline et Stéphane Ravier, les deux élus du Front national, et Robert Navarro, ex-PS, élu de l'Hérault –, n'ont pas participé au vote, et seuls les 19 sénateurs du groupe CRC (Communiste républicain et citoyen) ont voté contre ce texte inclus dans l'article 1er de la résolution « réformant les méthodes de travail du Sénat dans le respect du pluralisme, du droit d'amendement et de la spécificité sénatoriale, pour un Sénat plus présent, plus moderne et plus efficace ». Lors du vote, la présidente de ce groupe d'opposition, la sénatrice communiste de Seine-Saint-Denis, Éliane Assassi, 47 ans, a expliqué pourquoi son groupe allait voter contre cette résolution :

> Au fil des réunions du groupe de réflexion sur les méthodes de travail du Sénat, une nouvelle intention, partagée notamment par le groupe UMP et le groupe socialiste, est apparue : restreindre le débat public, le droit d'amendement et le temps de parole. Trois éléments qui portent la responsabilité de l'absentéisme… Dans les années 1990, on adoptait annuellement 2 000 pages de textes législatifs. Depuis quelques années, ce chiffre approche les 4 000, atteignant même parfois 4 500. Le chevauchement des réunions et des séances induit par cette inflation législative rend difficile la présence à telle ou telle séance ou à tel ou tel débat de commission. Elle traduit le sentiment d'impuissance du politique sur le cours des

dossiers, plus particulièrement le sentiment d'affaiblissement du législatif face à l'exécutif… Comment imaginer que la limitation du temps de parole et la réduction du droit d'amendement vont rehausser la fonction parlementaire[7] ?

Une sanction égale à 6 % du revenu mensuel net d'un sénateur !

Que prévoient les nouvelles dispositions du règlement mis en place par le vote de la résolution du 13 mai 2015 ? Sous le chapitre III bis dit de la « Participation des sénateurs aux travaux du Sénat », l'article 23 bis stipule que deux niveaux de retenue financière s'appliquent désormais en lieu et place de l'article 15 de 1959, toujours qualifié d'arme atomique. Le premier n'est qu'une « mesurette », une aimable plaisanterie à destination des médias, si l'identité du sénateur « sanctionné » n'est pas rendue publique. En effet, dans ce premier cas de figure, un sénateur encourt une retenue mensuelle égale à la moitié de son indemnité de fonction, soit 710 euros sur trois mois (2 130 euros au total). Pour perdre ainsi seulement 6 % de son revenu mensuel de sénateur (11 350 euros nets), le sénateur en question doit rester absent, au cours d'un même trimestre, à une seule catégorie de séances de la Haute Assemblée. Soit à plus de la moitié des votes à la tribune ou solennels, y compris les explications de vote, généralement le mardi après-midi. Soit à plus de la moitié des réunions de la commission

7. Compte-rendu du débat du Sénat, 13 mai 2015.

permanente, dont il est membre, et convoquée chaque mercredi matin. Soit à plus de la moitié des séances hebdomadaires de questions d'actualité au gouvernement, le mardi ou le jeudi après-midi. Curieusement, si un sénateur se trouve en infraction à deux catégories de ces trois séances, il n'est sanctionné que pour une seule.

En revanche, si le parlementaire reste absent à plus de 50 % (75 % pour les ultramarins) à l'ensemble des séances de votes solennels, de questions orales d'actualité au gouvernement et des réunions du mercredi des commissions, la sanction financière devient multipliée presque par 7 ! Pour ceux qui restent insensibles à la modeste « punition » de 710 euros par mois, l'article 23 bis du nouveau règlement du Sénat a prévu théoriquement une sanction, semble-t-il, plus dissuasive d'un montant mensuel de 4 439 euros. Dans ce dernier cas, l'incorrigible paresseux encourt une retenue mensuelle égale à la totalité de l'indemnité de fonction n° 1 (1 420 euros) et à la moitié de l'Indemnité représentative de frais de mandat (Irfm), soit 3 019 euros. Ce qui représente chaque mois une perte de 4 439 euros pour un sénateur lambda et donc une amputation de 39 % par rapport à son revenu parlementaire net de 11 350 euros. Un revenu mensuel qui additionne 5 353,54 euros nets d'indemnité parlementaire et une Irfm de 6 037,23 euros. Ainsi sanctionné, le sénateur qui ne vient jamais ou très peu conserve, sur ce revenu mensuel net, un pactole de 6 980 euros pour vivre. Ce qui reste tout de même confortable... L'ancienne ministre Mme Catherine Tasca

(PS-Yvelines) a ramené cette question des absences et de leur sanction à sa juste mesure :

> Je tiens à rappeler que ce projet de règlement autorise, si je puis dire, l'absence à la moitié des réunions, votes et séances de questions d'actualité. Cela laisse tout de même de la marge pour mener une autre activité !

Le même article 23 bis de règlement du Sénat prévoit trois grands cas d'*excuse*, où cette retenue mensuelle de 710 ou de 4 439 euros par mois n'est pas appliquée. Première exception : pour les 19 sénateurs d'outre-mer, la retenue s'applique en cas d'absence à plus des deux tiers des votes du mardi après-midi, réunions des commissions permanentes du mercredi ou séances de questions orales d'actualité les mardis ou jeudis après-midi. Deuxième exception : lorsque les absences sont justifiées par la participation d'un sénateur aux travaux d'une assemblée internationale, où il a été désigné par le Sénat, ou à une mission outre-mer ou à l'étranger, au nom de la commission permanente, dont il est membre. Troisième exception : quand les absences résultent d'une maternité ou d'une longue maladie. Le 13 mai 2015, les débats consacrés à l'adoption de cette résolution sur l'absentéisme ont abordé ces trois exceptions. Sans soulever la moindre question.

Seul le rapporteur de la commission des Lois, le sénateur Jean-Jacques Hyest (LR-Seine-et-Marne), aujourd'hui membre du Conseil constitutionnel, a osé aller un peu loin :

> Comme le faisait remarquer Mme Tasca, le dispositif proposé pour sanctionner l'absentéisme laisse toute latitude à chaque sénateur pour remplir deux fonctions en même temps. Par ailleurs, la loi organique prévoit qu'un parlementaire en mission peut déléguer son vote. Ne mélangeons pas les choses, sans quoi nous risquons d'en venir à évoquer les cas de force majeure, et le débat deviendrait extrêmement délicat...

Des tricheurs excusés pour leurs absences

En fait, les retenues financières sont décidées directement par les questeurs, lesquels appliquent tout simplement le règlement intérieur du Sénat. C'est une simple question d'addition des absences qui est réglée en quelques minutes. Les intéressés ne présentent pas d'*excuse* bidon, par principe, ou parce qu'ils n'ont pas le relationnel et l'ascendant de notoriété pour ce faire... Mais des dizaines de cas plus délicats et quelquefois carrément tordus mettent en avant des excuses plus que discutables. Lesquelles ne sont validées officiellement qu'après un examen approfondi de l'*excuse* – ou des *excuses* –, présentées par le parlementaire absent. Ici le Sénat reste une assemblée quasi monarchique aux décisions très secrètes, sous le prétexte tout trouvé de ne pas jeter l'opprobre sur ses membres. En fait, 2 hauts fonctionnaires, le secrétaire général du Sénat, Jean-Louis Hérin, et le secrétaire général de la questure, Jean-Charles André, et deux sénateurs, le président du Sénat, Gérard Larcher, et le premier questeur, Bernard Saugey, se réunissent à la fin de chaque trimestre pour théoriquement prendre en compte ou refuser les *excuses*.

Mais le plus souvent la messe est déjà dite. En fait, ces *excuses* ont déjà toutes été acceptées quelques heures avant la réunion de la commission, de la séance de vote solennel ou de questions d'actualité au gouvernement. Tout va trop vite pour laisser le temps d'une véritable vérification. La publication du nom de ces sénateurs *excusés* en fait foi dès le lendemain des réunions de commission au *Journal officiel* et, quelques jours plus tard, sur le tableau d'activités de chaque sénateur, publié sur le site du Sénat. Difficile pour le président du Sénat et le premier questeur Bernard Saugey de revenir sur ces décisions à la fin du trimestre. Sur le papier, c'est le bureau du Sénat ou les questeurs qui ont fait ou non le job, en acceptant ou non ces *excuses* au moment crucial… C'est-à-dire vérifier les justificatifs de ces excuses ou leur bien-fondé moins de vingt-quatre heures avant l'absence. Ce n'est pas du ressort du président d'une commission comme certains voudraient le laisser croire, mais…

Pour en savoir plus sur ces mystérieuses *excuses*, inutile de chercher sur le site du Sénat. Le règlement intérieur de la Haute Assemblée, qui ne fait que reprendre la résolution votée le 13 mai 2015, n'en dit pas plus. Quant au bureau du Sénat, organe de gouvernance de l'institution, ses « instructions générales », notamment sur les *excuses*, restent totalement confidentielles, malgré les efforts de plusieurs sénateurs. C'est la loi. Au nom de la séparation des pouvoirs, le bureau de la Haute Assemblée fait sa petite cuisine en matière de vérification d'une *excuse* présentée par un sénateur pour justifier une absence. Officiellement, un sénateur ne peut être excuser que pour trois raisons : maladie, représentation du Sénat dans une réunion internationale, ou maternité (pour les femmes !). Sauf que le Conseil constitutionnel a laissé, très discrètement, une sacrée épine dans le pied du président du Sénat. En effet, la Cour suprême française a certes validé, le 11 juin 2015, la résolution du 13 mai précédent sur les absences, mais l'a assortie d'une réserve relative à l'absence des sénateurs votant par délégation. Une disposition qui entrave sérieusement toute lutte contre l'absentéisme des sénateurs.

Le Conseil constitutionnel écrit :

> L'article 1er de l'ordonnance n° 58-1066 du 7 novembre 1958 a mis en œuvre la possibilité de voter par délégation : les membres du Parlement ne sont autorisés à déléguer leur droit de vote que dans les cas suivants : 1° Maladie, accident ou événement familial grave empêchant le parlementaire de se déplacer ; 2° Mission temporaire confiée par le gouvernement ; 3° Service militaire accompli en temps de paix ou temps de guerre ; 4° Participation aux travaux des assemblées internationales en vertu d'une désignation faite par l'Assemblée nationale ou le Sénat ; 5° En cas de session extraordinaire, absence de métropole ; 6° Cas de force majeure apprécié par décision des bureaux des assemblées.

Et le Conseil constitutionnel d'enfoncer le clou :

> Un membre du Parlement votant par délégation, dans le respect des conditions posées par cette ordonnance, exerce son mandat ; que par suite, pour le calcul des retenues prévues par les alinéas 7 et 8 de l'article 23 bis, un sénateur votant par délégation ne saurait être regardé comme absent lors du vote ; que cette réserve ne vaut pas pour les explications de vote[8].

Sans le dire ouvertement, le Conseil constitutionnel fait allusion ici aux imparables certificats de maladie bidon et aux cas de force majeure difficiles à refuser. Ce « cas de force majeure » est le motif le plus fréquemment utilisé pour déléguer son vote en commission, sans que la réalité de la force majeure puisse être avérée. Ce qui relève du travail de la questure. Ces dispositions sur les délégations de vote figurent dans la loi organique de 1958 et il est donc impossible de revenir dessus.

De plus, la notion de cas de force majeure autorise les tricheries les plus énormes et insoupçonnables, lorsque l'*excusé* est de mauvaise foi. Plus le mensonge est gros, plus ça passe. Ainsi, un sénateur de bonne foi nous a raconté comment il s'était fait *excuser* pendant deux mois, le temps de soigner son épouse souffrant d'une longue maladie. Ce cas de force majeure était malheureusement vrai : ce septuagénaire vit seul avec son épouse dans un petit village d'une centaine d'habitants. Pour des raisons essentiellement

8. Avant les votes à la tribune ou solennels (NdA).

psychologiques, ce brave homme voulait accompagner son épouse durant un traitement long et douloureux. Le sénateur n'a pas eu à présenter de certificat médical. Le secrétaire général du Sénat l'a cru sur parole bien entendu. Mais pour un honnête homme comme ce septuagénaire, gros bosseur et ancien président de commission, combien de tricheurs invoquent des situations familiales invérifiables pour échapper à toute sanction ? « On ne peut pas rentrer comme ça dans l'intimité des gens », nous a expliqué un haut fonctionnaire du Sénat. « Nous n'allons pas engager des détectives privés pour vérifier les dires des tricheurs. C'est une question d'éthique. Nous ne sommes pas des flics. » Dans une « Maison » où le culte du secret l'emporte sur la transparence, les tricheurs peuvent donc dormir sur leurs deux oreilles. Ce sont finalement les sénateurs honnêtes qui doivent faire très attention à ne pas se faire sanctionnés par inadvertance.

III

Un sénateur peut siéger 4 à 5 jours par mois sans encourir la moindre sanction

Pour mieux illustrer l'omerta sur les sénateurs fantômes et leur cortège très secret d'*excusés* de tout poil, nous sommes partis à la recherche des premiers sénateurs victimes de retenues financières dans l'histoire de la Haute Assemblée. Le 13 janvier 2016, le président Gérard Larcher a annoncé des retenues financières visant 14 sénateurs pour cause d'absentéisme au dernier trimestre 2015. Pas question pour lui de révéler ces noms. On le comprend. Mais pour nous, la principale sanction contre ces absents n'est pas financière. Seule, l'éventuelle publicité donnée à leur regrettable comportement peut faire comprendre aux flemmards ou tricheurs qu'ils doivent être présents au Sénat le mardi, le mercredi et le jeudi. Au bout de plus de trois mois de recherches, nous avons identifié 9 de ces 14 coquins. Notre méthode fastidieuse a consisté d'abord à collationner les tableaux mensuels d'activités de chaque sénateur publiés sur le site du Sénat. Premier écueil : début janvier 2016, les tableaux du mois d'octobre précédent n'avaient toujours pas été publiés malgré le vote pris en ce sens. Fin août 2016 non plus. Ce manque de précision explique pourquoi nous n'avons pu identifier d'une manière certaine que 9 des 14 sanctionnés annoncés par le président du Sénat. Les principaux intéressés semblaient ne pas être tous au courant. Pour les mois de novembre, décembre 2015, janvier, février et mars 2016, ces tableaux indiquent uniquement la présence et l'éventuelle qualification d'*excusé* de chaque sénateur. Ces informations concernent toutes les commissions, les délégations, les séances plénières dans l'Hémicycle, les groupes d'amitiés et instances internationales, où un parlementaire peut représenter l'institution. La mention « absent » n'apparaît pas.

Pour recouper ces informations lapidaires données par les tableaux d'activités, nous avons d'abord consulté les comptes rendus des présences le mercredi matin aux commissions du Sénat, publiés dès le lendemain sur le site du *Journal officiel*. La loi organique de 1958 et le règlement interne du Sénat ordonnent cette publication. Présentés de manière beaucoup plus sérieuse que les tableaux d'activités, ces documents retranscrivent les présents, les *excusés*, ceux qui ont délégué leur vote et par déduction les absents. Deuxième moyen pour identifier les absents : les comptes rendus sur le site du Sénat des scrutins publics à la tribune ou solennels (4 au dernier trimestre 2015, 3 au premier trimestre 2016) qui répertorient les présents, les excusés ou les absents avec leurs délégations de vote. Troisième moyen : toujours sur le site du Sénat, les comptes rendus de toutes les commissions et délégations, qui divulguent les identités des sénateurs qui sont intervenus en réunion. Quatrième moyen : les études publiées sur le site de l'association Regards citoyens qui retranscrivent uniquement les sénateurs présents en commission et ceux qui y ont pris la parole. De plus, cet organisme publie des tableaux synthétiques de présence dans l'Hémicycle et aux réunions des commissions. La confrontation de toutes ces données nous permet notamment d'identifier les présents, absents et *excusés* aux 11 séances de questions orales d'actualité au gouvernement qui ont eu lieu au dernier trimestre 2015, en alternance le mardi et le jeudi après-midi. Ces séances, ainsi que les votes solennels, se déroulent la veille ou le lendemain de la présence en commission permanente du mercredi. Ne pas se retrouver sanctionné devient pour un sénateur une simple question de gestion d'agenda. Du niveau d'un écolier du primaire !

En fait, ce système de sanction n'est qu'un leurre. La nouvelle réglementation sur l'absentéisme au Sénat (article 23 bis) n'a fait qu'introduire une sorte de présence minimale, un certificat de bonne conduite. Pendant chaque trimestre, sur un total de 33 journées en moyenne de travail en hémicycle et commission, un sénateur peut réglementairement échapper à toute sanction s'il se montre présent à une douzaine d'entre elles. Soit une moyenne harassante de quatre ou cinq jours de travail par mois au Sénat pour… 11 350 euros net mensuels !

Nous avons mis au jour ce chiffre étonnant à partir des « tableaux d'activités » de chaque sénateur publiés sur le site du Sénat (rien de tel à l'Assemblée nationale) et des relevés de ces mêmes présences publiés au *Journal officiel*. Pour ne pas être sanctionné sur un trimestre, un sénateur doit être présent à 6 des 11 séances de questions d'actualité au gouvernement, donc il peut en sécher 5 ! Il doit également participer à 2 ou 3 des 3 ou 4 votes solennels, et à 4 ou 5 séances de sa commission permanente, dont il peut manquer le tiers ou le quart des réunions sans encourir la moindre sanction. Petit cadeau supplémentaire : 1 ou 2 des votes solennels se déroulent le même après-midi qu'une des séances de questions orales d'actualité au gouvernement. Un vrai système passoire…

Les 100 sénateurs, sur 348 au total, qui font tourner la boutique du Sénat sont présents sans exception, en commission ou dans l'hémicycle, tous les mardis, mercredis et jeudis, comme il se doit pour faire la loi. C'est une question d'éthique personnelle. Ces gens de qualité ne demandent jamais à être excusés, c'est-à-dire à être considérés comme présents grâce un certificat médical impossible à contredire ou un cas de force majeure invérifiable. Ce système légal des excuses permet aux 45 dignitaires du Sénat et à certains autres sénateurs d'échapper à toute sanction s'ils sont présents même moins de 4 jours par mois.

Parmi les 9 sénateurs sanctionnés que nous avons identifiés, aucun n'a jugé utile de répondre à nos questions, pour confirmer ou infirmer sa retenue financière. Ces 9 sénateurs sanctionnés sont issus pour 3 d'entre eux de l'outre-mer (1 de l'île de La Réunion, 2 de Nouvelle-Calédonie), pour 1 de l'Essonne en Île-de-France, 1 de l'Est

(Moselle) et les derniers du Sud-Est de l'Hexagone : 1 de Haute-Corse, 1 du Rhône, 1 des Bouches-du-Rhône et 1 du Var. Ils appartiennent pour 1 d'entre eux à la commission des Affaires étrangères, de la Défense et des Forces armées, 3 à la commission des Lois, 2 à la commission de la Culture, de l'Éducation et de la Communication, 1 à la commission des Affaires sociales, 1 à la commission des Finances, 1 à la commission de l'Aménagement du territoire et du Développement durable et aucun à la commission des Affaires économiques. Ce qui ne doit rien au hasard. En effet, les 39 sénateurs de la commission des Affaires économiques portent le maillot jaune en termes d'assiduité. Selon les statistiques de la présidence du Sénat[1], la moyenne des absents n'a jamais dépassé le chiffre de 4 lors des réunions du mercredi de cette commission au dernier trimestre.

La moyenne d'âge des sanctionnés tourne autour de 61 ans. Le benjamin, David Rachline (FN-Var), a 28 ans et le vice-doyen Serge Dassault (LR-Essonne) 90 ans. Parmi eux, 5 n'ont jamais demandé à être *excusés* au dernier trimestre 2015. À savoir Hilarion Vendégou, Gérard Collomb, Stéphane Ravier, David Rachline et Serge Dassault. Quatre autres sénateurs (Didier Robert, Joseph Castelli, Jean-Pierre Masseret et Pierre Frogier) avaient fait des demandes d'*excuses* quelquefois un peu « hasardeuses », car un peu trop reliées au calendrier des régionales de fin 2015. En deux mots, ont principalement été sanctionnés les sénateurs qui ne demandaient rien.

1. Voir annexe 5, les réponses de la présidence du Sénat à nos questions.

Numéro 1 des rois fainéants : Didier Robert, patron de la région de La Réunion

Début juin 2014, la sénatrice UMP de La Réunion, Jacqueline Farreyrol, démissionnait de son mandat pour « consacrer tout (son) temps et toute (son) énergie » à sa famille et à sa « carrière artistique ». Au Sénat, personne ne s'est aperçu de cette démission. L'explication était toute simple. Selon les calculs de l'association Regards citoyens, cette parlementaire âgée de 77 ans aujourd'hui était à l'époque la championne reconnue de l'école buissonnière au palais du Luxembourg. Ainsi, durant les trente-trois mois de son mandat de septembre 2011 à juin 2014, elle a été présente 11 semaines seulement à Paris, dans l'Hémicycle et à la commission de la Culture. Cette septuagénaire était surtout connue comme chanteuse-auteur-compositeur du folklore de La Réunion.

Élu en 2011 sur la liste UMP des sénatoriales à La Réunion, Didier Robert était le suivant sur la liste et lui a donc succédé le 1er juillet 2014.

Sorte de gendre idéal aux rondeurs rassurantes, mais en réalité brillant jeune loup de la politique, Didier Robert (LR), 51 ans, a été élu en 2010 puis réélu en décembre dernier, avec 52 % des voix, président du conseil régional de La Réunion. Auréolé du prestige d'avoir battu successivement Paul Vergès, le leader local de la Gauche depuis des décennies, aux législatives de 2007 et aux régionales de 2010, Didier Robert vit un véritable état de grâce. Depuis son apparition dans le paysage politique de La Réunion au début des années 2000, cet ex-apparatchik de l'UMP reste invaincu sur son nom à toutes les élections locales et aux scrutins nationaux où il s'est présenté. Diplômé de l'IEP d'Aix-en-Provence, cet ancien directeur de cabinet de plusieurs élus à La Réunion et simple conseiller municipal du Tampon s'est fait élire maire en 2006, en profitant de l'inéligibilité du premier magistrat de cette commune, suite à une décision de justice. Personne ne s'est alors méfié de lui et de son air bonhomme, personne n'a vu venir Didier Robert au sein d'une droite déchirée par les ambitions personnelles. L'année suivante, il était élu député. Son épouse, Corine Robert, très impliquée dans l'irrésistible ascension de son mari depuis neuf ans, est aussi aujourd'hui la directrice de la communication du conseil régional de La Réunion et membre du cabinet de son mari.

Ce sarkozyste déclaré cultive un péché mignon : cumuler mandats et fonctions, ce qui ne peut que nuire à son assiduité. Cette fringale pour les responsabilités et les postes rémunérés a fini par en indisposer plus d'un. Ainsi, en février 2015, sous la pression de la chambre régionale des comptes locale, a-t-il dû abandonner la présidence du conseil de surveillance d'Air Austral, une compagnie aérienne qui appartient paritairement à la Sematra, société d'économie mixte réunissant le conseil régional et le conseil général de La Réunion ainsi qu'à la chambre de commerce et d'industrie de l'île. Dans un rapport, la chambre des comptes de La Réunion s'était étonnée du cumul de mandats de Didier Robert comme quadruple président du conseil régional (4 751 euros nets par mois avant de devenir sénateur en 2014), du conseil de surveillance d'Air Austral (jetons de présence), de la Sematra (non rémunéré) et de la société parapublique d'aménagement urbain SPLA Maraïna (6 800 euros nets par mois). Peu à peu, le cumulard Didier Robert s'est vu obligé de démissionner de la plupart de ces postes de responsabilité en 2014 et 2015, autant de fonctions qui le mettaient en conflit d'intérêts permanent.

Sénateur depuis juillet 2014, Didier Robert s'est inscrit à la commission des Affaires sociales. « Je veux prendre la défense des laissés-pour-compte », avait-il affirmé à nos confrères locaux au lendemain de son intronisation comme sénateur, suite à la démission de Jacqueline Farreyrol. Le cas de ce jeune et dynamique patron de la droite à La Réunion illustre, encore une fois, le manque de professionnalisme des fonctionnaires du Sénat. En effet, selon le tableau mensuel des activités de Didier Robert pour le dernier trimestre 2015, ce sénateur aurait dû être sanctionné pour avoir assisté à seulement 2 des 9 réunions de la commission des Affaires sociales du mercredi. Exactement le 7 octobre et le 18 novembre 2015. Or, la consultation du *Journal officiel* nous apprend que Didier Robert était *excusé* pour la réunion de la commission des Affaires sociales du mercredi 9 décembre 2015, et non pas absent, comme l'indique son tableau d'activités sur le site du Sénat. Il y a de quoi être perplexe… En effet, ces comptes rendus du *Journal officiel* sont rédigés directement par les fonctionnaires du Sénat !

Or la prise en compte de cette *excuse* pour la journée du 9 décembre interdisait de prendre une sanction à l'égard de ce sénateur pour son manque d'assiduité aux réunions de la commission des Affaires sociales. Didier Robert avait droit à ce joker qui lui permettait de totaliser sa présence à 3 commissions sur 9, soit le tiers minimum requis pour un sénateur ultramarin. Certificat médical pour une journée ou cas de force majeure accepté par les questeurs ? Mystère. La questure et le bureau du Sénat ne répondent pas à ce genre de question au nom de la protection de la vie privée et du secret de ses délibérations.

Interrogée sur cette incohérence et d'autres concernant notamment les sénateurs Jean-Pierre Masseret et Jacques Gillot, la présidence du Sénat nous a expliqué dans un communiqué que tout cela était très normal. Enfin presque… Le directeur de cabinet du président Gérard Larcher écrit :

> Les différences dont vous faites mention s'expliquent par deux régimes distincts d'excuses. D'une part, le tableau des activités principales reprend les excuses acceptées pour l'application du nouveau dispositif de l'article 23 bis du règlement du Sénat relatif aux présences des sénateurs, dans des cas limitativement définis (en particulier les déplacements à l'étranger pour représenter le Sénat dans des réunions internationales, ou les problèmes de santé). D'autre part, sur les listes de sénateurs « excusés » pour une réunion de commission publiés au *Journal officiel* en fonction de l'article 20, alinéa 6 du règlement, sont mentionnés, les noms de tous les sénateurs ayant signalé au secrétariat de la commission qu'ils souhaitaient s'excuser.

> Ces excuses ne valent pas exonération de leur obligation de présence si leurs motifs ne correspondent pas aux critères édictés par l'article 23 bis du règlement[2].

Ainsi, publiés au *Journal officiel* de la République française, les listes de sénateurs *excusés* aux réunions de commission font simplement part des intentions des sénateurs, celles-ci pouvant être complètement fausses ou fantaisistes. Le *Journal officiel* peut donc raconter n'importe quoi, il s'agit d'un régime d'excuses réelles ou fausses. Mais rassurez-vous, il n'y a aucune contradiction, car seuls comptent les tableaux d'activité. Le sénateur Didier Robert n'a donc jamais été excusé pour la journée du 9 décembre puisque cette indication n'est pas apparue sur son tableau d'activités. Il suffisait d'y penser !

Contacté, le sénateur Didier Robert n'a pas jugé utile de répondre à nos questions. Apparemment, le mercredi 9 décembre 2015, ce parlementaire n'était pas trop en mauvaise forme. En effet, il a participé ce soir-là, entre 19 h 30 et 21 heures, à un débat sur la télévision locale Antenne Réunion dans le cadre de l'émission *90 minutes pour convaincre*. À quatre jours de sa victoire à l'élection régionale, il affrontait son adversaire tête de liste de gauche et du centre, la députée apparentée PS Mme Huguette Bello.

L'homme fort de la droite dans l'île de La Réunion peut encore profiter pour un peu moins d'un an des privilèges liés au statut de sénateur. Le 31 mars 2017 au plus tard, Didier

2. Lettre de la présidence du Sénat reçue le 9 mai 2016.

Robert devra en effet choisir, abandonner son mandat de parlementaire pour pouvoir rester à la tête de la région de La Réunion ou l'inverse, cela conformément à la loi organique du 14 février 2014 et l'article LO.297 du code électoral. Les meilleures choses ont une fin...

Toutefois, selon son tableau d'activités publié sur le site du Sénat, Didier Robert a également manqué 8 des 11 séances de questions orales d'actualité au gouvernement au dernier trimestre 2015. Il est simplement venu le 6 octobre ainsi que le 3 et le 17 novembre. Ce qui représente un taux supérieur aux 2/3 des absences autorisés pour les sénateurs ultramarins, soit 7,3. Pour ses absences trop nombreuses en réunion de commission et en séances de question d'actualité au gouvernement, le président de la région de La Réunion a subi une retenue financière mensuelle de 710 euros sur son indemnité de fonction pendant trois mois. En revanche, il ne l'a pas été pour ses 2 absences, les 13 octobre et 8 décembre, sur les 4 scrutins publics solennels, car en tant que sénateur ultramarin, il était plus que dans les clous, ayant le droit de sécher jusqu'au 2/3 de ces votes.

La retenue totale de 2 130 euros, infligée par les questeurs à Didier Robert pour le dernier trimestre 2015, ne lui fait ni chaud ni froid, comme en témoigne son tableau d'activités pour les trois premiers mois de 2016. En effet, il a continué ses « visites » au Sénat à un rythme de sénateur. En janvier, il s'y est rendu 3 jours de suite les 25, 26 et 27 – en profitant au passage pour être reçu par le Premier ministre, Manuel Valls –, le temps de poser une question orale d'actualité au gouvernement, de participer à un vote solennel et d'assister à une des 9 réunions du mercredi du premier trimestre 2016 de la commission des Affaires sociales, le 27 janvier. En février, il a fait un simple aller-retour La Réunion-Paris, histoire de participer le mardi 16 à une séance de questions orales d'actualité au gouvernement, mais le lendemain, mercredi 17 février, il ne participe même pas à la commission des Affaires sociales. Et en mars, il est venu 3 fois à Paris.

Le président Gérard Larcher, le secrétaire général du Sénat, le secrétaire général de la questure et les trois questeurs peuvent peut-être se réjouir... Selon les statistiques de l'association Regards citoyens, Didier Robert est venu trois semaines seulement au Sénat entre les 1er septembre 2014 et 2015. Depuis, l'élève sénateur Didier Robert a fait un effort méritoire, mais il n'a pu éviter la sanction pour le premier trimestre 2016, malgré ses nombreuses *excuses.* Celles-ci paraissent au *Journal officiel*, mais ne sont jamais validées par la présidence et le secrétariat général du Sénat.

Joseph Castelli, successeur de monsieur « Fanfan » le roi de l'absentéisme

Élu sénateur de la Haute-Corse en 2014, Joseph Castelli, 67 ans, occupe la 8e place au hit-parade des rois fainéants au palais du Luxembourg. Entre les 3 février 2015 et 2016, il a arpenté les couloirs du Sénat pendant 14 des 40 semaines d'activité de la Haute Assemblée. Il a succédé au sénateur François Vendasi, âgé aujourd'hui de 76 ans et ancien n° 1 des Travaux publics en Corse. Ce dernier, « Monsieur

Fanfan » comme on le surnomme dans l'Île de Beauté, nous avait accordé une interview dans France-Soir, le 21 février 2011, revendiquant très officiellement son statut de sénateur fantôme :

> Plutôt que d'aller en commission ou en séance pour faire des effets de manche dans l'Hémicycle face à un secrétaire d'État qui ne connaît pas grand-chose, je préfère rester sur le terrain, en Haute-Corse, et plaider les dossiers directement avec les fonctionnaires dans les ministères.

Depuis son élection en 2005, « Monsieur Fanfan » n'a jamais pris la parole dans l'Hémicycle ou en commission, soit pendant neuf ans, jusqu'à son départ en retraite en 2014. Doté d'une fortune personnelle colossale, cet entrepreneur ne se rendait qu'une fois par an au Sénat pour y inviter ses 540 grands électeurs (conseillers municipaux et généraux de Haute-Corse) à faire un bon repas et à profiter des joies du Paris *by night*.

Apparatchik du PRG (Parti radical de gauche) pur sucre et représentant du clan Giaccobi, son successeur Joseph Castelli s'est montré plus assidu au Sénat. Mais, de là à monter chaque semaine à la capitale... La questure et le président Gérard Larcher l'ont sanctionné à hauteur de 2 130 euros pour ses trop nombreuses absences au dernier trimestre 2015. Cet ancien président du conseil général de la Haute-Corse (2010-2014) a assisté à seulement 4 (les 14 et 21 octobre, 18 novembre, 9 décembre) des 10 réunions du mercredi de la commission de la Culture. Comme le montrent les mentions correspondantes au *Journal officiel*, il a tenté à quatre reprises de se faire *excuser*, mais son tableau mensuel d'activités montre que cela n'a pas marché.

Le sénateur Joseph Castelli a été confronté à toutes sortes d'affaires sordides liées à des marchés publics passés par le conseil général de Haute-Corse : l'enquête sur des détournements présumés de fonds publics (2 millions d'euros pour des préservatifs destinés aux maisons de retraite), le financement de gîtes ruraux, l'assassinat de Jean Leccia (bras droit de Paul Giacobbi et directeur général des services au conseil général de Haute-Corse), ou encore l'affaire de détournements de fonds publics d'une mystérieuse association d'aide aux « jeunes errants » fondée en 2008 et disparue en 2013.

Joseph Castelli a été mis en examen, le 28 janvier 2016, par un juge d'instruction de Bastia pour « recel d'abus de biens sociaux » et « corruption » dans le cadre d'une enquête ouverte sur les conditions de financement de sa maison de Folelli. À la demande du juge d'instruction, le Sénat a levé son immunité parlementaire. Le sénateur a été laissé en liberté sous contrôle judiciaire contre le paiement d'une caution. La justice reproche à deux chefs d'entreprise (mis en examen pour corruption active et abus de biens sociaux) d'avoir contribué au financement de la maison de Joseph Castelli qui, en échange, auraient bénéficié de marchés de travaux publics de plusieurs millions d'euros passés par la communauté de communes de Casinca et la mairie de Penta-di-Casinca, toutes deux dirigées par lui à l'époque.

Au premier trimestre 2016, Joseph Castelli n'a pas été plus assidu au Sénat, malgré la validation d'une de ses trois excuses demandées. Il a été à nouveau sanctionné à hauteur de 2 130 euros, ayant assisté à seulement à 5 des 11 réunions du mercredi de la commission de la Culture.

Hilarion Vendégou ou le bonheur à l'île des Pins (Nouvelle-Calédonie)

Titulaire de 9 semaines d'activité pour la session février 2015-2016, Hilarion Vendégou (Rassemblement républicain), l'un des deux sénateurs de Nouvelle-Calédonie, 74 ans, vit sur l'île des Pins, petite commune de 2 000 habitants au sud-est de la Grande Terre, à l'est de l'Australie. Ce chef coutumier et farouche anti-indépendantiste a été élu sénateur en 2011, avec plus de 47 % des voix au sein d'un collège de 524 grands électeurs de Nouvelle-Calédonie (290 000 habitants), essentiellement des conseillers municipaux. Il est également maire de l'île des Pins, surnommée « l'île la plus proche du paradis », bien qu'elle ait abrité, jusqu'en 1924, un bagne pour condamnés français sous la IIIe République. Personne n'est parfait… Né sur ce joyau naturel, cet instituteur à la retraite a du mal à le quitter. On le comprend. À une vingtaine de minutes d'avion au sud de Nouméa, cette terre au climat tropical tempéré concentre les beautés du Pacifique. À commencer par une douceur de vivre, qui émane du sourire de ses habitants et de leur faculté à ne jamais brusquer le temps… À près de 17 000 kilomètres du palais du Luxembourg et à plus de vingt heures d'avion, la nature y déroule à perte de vue des plages désertes, longées de petits chemins ombragés. Un des plus beaux lagons de l'île des Pins a été classé par l'Unesco sur la liste du patrimoine mondial. Hilarion Vendégou n'en est pas peu fier…

La dernière intervention de ce sénateur (rattaché au groupe LR) dans l'Hémicycle remonte au 28 novembre 2014, à l'occasion de la discussion de la loi de finances 2015. On s'en souvient encore… Sa dernière prise de parole en commission s'est produite le 11 juillet 2012 à la délégation sénatoriale à l'outre-mer. On l'a oubliée. Au dernier trimestre 2015, le sénateur Hilarion Vendégou a fait exploser le compteur de ses absences. Cet instituteur à la retraite et chef coutumier a subi une retenue financière de 710 euros par mois pour avoir assisté à 1 seule des 10 réunions de la commission de la Culture, le mercredi 21 octobre 2015. Une commission qui s'est en réalité réunie 17 fois pendant les trois mêmes mois, le mercredi, mais aussi le mardi et le jeudi. La consultation du *Journal officiel* confirme que le sénateur n'a jamais sollicité la moindre excuse pour ces 9 absences, contrairement à plusieurs dizaines de ses collègues. Dont acte. En fait, Hilarion Vendégou n'est pas un tricheur, mais, selon son tableau d'activités, il n'a pas mis les pieds au Sénat en novembre et décembre 2015.

L'élu calédonien n'a pas pu oublier la grande « compréhension » des questeurs du Sénat au dernier trimestre 2015. Le règlement est très clair à ce sujet. Si les absences d'un sénateur s'élèvent à plus de la moitié des séances (2/3 pour les sénateurs ultramarins) des 3 catégories cumulées (pour lui, 10 commissions de la Culture du mercredi, 11 plénières avec questions orales d'actualité au gouvernement et 4 votes solennels), la retenue financière portera chaque mois sur 4 439 euros. Le sénateur y avait droit. Déjà trop absent de la commission de la Culture, le parlementaire a manqué 9 des 11 séances de questions orales d'activité au gouvernement : les 6, 15 et 29 octobre, les 3, 12, 17 et 26 novembre ainsi que les 10 et 15 décembre 2015, selon son tableau d'activités. En outre, le parlementaire n'a assisté à aucun des 4 scrutins publics solennels du dernier trimestre 2015, les 6 et 13 octobre, 17 novembre et 8 décembre 2015, comme le précisent les comptes rendus de ces votes sur le site du Sénat. Il a bien délégué ses 4 votes, mais a été compté absent aux explications de vote en raison de la jurisprudence du Conseil constitutionnel. Le brave Hilarion a en quelque sorte fait carton plein avec ses absences… Sa retenue financière devait grimper au maximum, c'est-à-dire à 4 439 euros mensuels pour trois mois. Or, elle a été en réalité de 2 130 euros par mois.

Certes, le chef coutumier a bien retenu la leçon et compris que le président Gérard Larcher et les grands dignitaires du Sénat lui avaient fait une fleur… Aussi, au premier trimestre 2016, il a assuré une sorte de service minimum au palais du Luxembourg, pour éviter cette fois de perdre 4 439 euros par mois. M. le sénateur de la Nouvelle-Calédonie est venu trois semaines en tout au palais du Luxembourg, deux en janvier et une en février, préférant rester à l'île des Pins pendant tout le mois de mars. Aussi, Hilarion Vendégou a manqué 8 des 11 réunions de la commission de la Culture le mercredi et 8 des 11 séances de questions d'actualité au gouvernement. Mais il a tout même réussi à participer à 1 des 3 votes solennels du premier trimestre, le 26 janvier 2016. Il était alors dans les clous, étant obligé de participer à 1/3 de ces votes au minimum. Le bon Hilarion Vendégou avait gagné son pari. En effet, la retenue de 2 130 euros s'applique aussi bien quand un sénateur est trop absent à 1 ou 2 catégories de séances (par exemple pour lui aux réunions de commission et aux questions orales d'actualité au gouvernement).

À l'âge de 74 ans, le sénateur Hilarion Vendégou se refuse toujours à chercher à se faire *excuser* et s'éviter toute sanction sur son indemnité. Question de principe. Aussi, il se sait condamné à subir des retenues financières jusqu'à la fin de son mandat en septembre 2017. Hilarion Vendégou n'est ni un vrai repenti de l'absentéisme, ni un tricheur…

Nouméa : Pierre Frogier s'indigne d'avoir été sanctionné

Élu lui aussi sénateur en Nouvelle-Calédonie en 2011, Pierre Frogier (Rassemblement républicain, rattaché au groupe LR), 65 ans, a participé à 2 des 10 réunions du mercredi de la commission des Lois au dernier trimestre 2015. Il a demandé à être *excusé* pour le mercredi 16 décembre. Son état d'*excusé* figure à la date du 16 décembre 2015 au *Journal officiel*, mais pas du tout sur son tableau d'activités à la même date. Cette excuse lui a peut-être été accordée, mais cela n'a pas suffi. Parlementaire ultramarin, il pouvait sécher les 2/3 de ces réunions du mercredi, c'est-à-dire être absent jusqu'à 6 de ces réunions, mais il a poussé le bouchon jusqu'à 7. Mauvais calcul ? Pierre Frogier a confirmé avoir été sanctionné aux médias calédoniens, sans en révéler la raison, et il n'a pas jugé utile de répondre à nos questions.

Le sénateur a également séché 8 des 11 séances de questions orales d'actualité au gouvernement. Exactement les 15, 20 et 29 octobre, les 3, 12 et 26 novembre, ainsi que les 10 et 15 décembre. Soit plus des 2/3 d'école buissonnière qui lui étaient autorisés en tant que sénateur ultramarin. Cela ne changeait rien au montant de sa retenue financière de 2 130 euros applicable à 1 ou 2 catégories d'absences. En effet, il est resté dans les clous pour les scrutins solennels, assistant à 2 de ces 4 votes organisés au dernier trimestre 2015.

Sarkozyste convaincu et adepte de la culture du chef, cet ancien magistrat est devenu le patron de l'UMP local, puis des Républicains du Territoire. Patron de la droite en Nouvelle-Calédonie, le sénateur Pierre Frogier est à ce jour le seul homme politique calédonien à avoir présidé les trois principales institutions locales : le gouvernement du Territoire, le Congrès (l'assemblée délibérante du Territoire) et l'assemblée de la Province Sud. Pour justifier l'abandon de son mandat à l'Assemblée nationale, où il siégeait depuis quinze ans déjà, le tout nouveau sénateur Pierre Frogier avait expliqué qu'il serait plus utile à la Chambre haute. Personne ne s'en est aperçu… « Pour ce que nous aurons à défendre, le Sénat est probablement l'assemblée la plus utile pour soutenir, pour expliquer cette solution de sortie de l'accord de Nouméa », déclarait-il ainsi au journal télévisé local au soir de son élection en septembre 2011, rajoutant même : « C'est au Sénat que pourra se porter la solution à laquelle nous aspirons tous. » Signé en 1998, l'accord de Nouméa installait l'autonomie de la Nouvelle-Calédonie et prévoit la possibilité de son indépendance décidée par référendum à partir de 2018.

Pierre Frogier était tout à fait conscient des risques financiers encourus par un sénateur en cas d'absentéisme répété. Il est quand même classé 8e sur la liste des cancres du Sénat établi par l'association Regards citoyens pour la session février 2015-2016. Ainsi, le 1er octobre 2015, devant la délégation sénatoriale à l'outre-mer (dont il est membre), ce propriétaire associé de la plus importante agence immobilière de Nouvelle-Calédonie (l'*Agence générale* aux 12 représentations commerciales) a ainsi justifié son absentéisme endémique :

> Pour venir, j'ai fait trente-deux heures d'avion en passant par Melbourne et Singapour pour respecter mes engagements à Paris. À quel moment allons-nous pouvoir parler du fond des choses ? Ou alors est-ce que cette délégation ne sert à rien ? Sommes-nous capables de créer un groupe d'influence pour avoir un échange avec soit le président, soit la questure ? Lorsque nous sommes élus, avons-nous le droit de garder notre domicile en circonscription ou bien faut-il élire domicile

> à Paris ? C'est cela le problème. Notre indemnité est la même que celle de nos collègues métropolitains mais nous devons à la fois faire vivre notre famille chez nous et nous loger à Paris. Sans moyens personnels suffisants, comment être élu à l'Assemblée nationale ou au Sénat dans ces conditions ? Sinon, que l'on modifie l'enveloppe de nos déplacements couverts entre notre circonscription et Paris pour nous permettre d'être ici tous les quinze jours. La délégation à l'outre-mer sert aussi à poser toutes ces questions.

Si l'on prend au mot ce roi de l'immobilier calédonien, l'absentéisme des parlementaires d'outre-mer ne serait qu'une simple question de moyens financiers. Il est vrai que le Sénat ne leur délivre qu'un billet aller-retour en avion par mois. Certes, certains des 19 sénateurs ultramarins (5 d'entre eux ont été sanctionnés) vivent en alternance quinze jours à Paris, puis quinze jours dans leur département ou collectivité d'outre-mer. Ils peuvent demander la prise en charge (sur facture justificative) d'un loyer à Paris dans la limite de 10 080 euros par an en alternance avec la prise en charge de chambres d'hôtel[3]. Un peu juste… Qu'il vaille mieux rembourser les frais de ces parlementaires, cela mérite examen. Mais comment Pierre Frogier peut-il expliquer la remontée en flèche de son assiduité depuis la publicité donnée aux sanctions financières par le président du Sénat, le 13 janvier dernier ? Quinze jours après avoir été sanctionné, ce parlementaire a posé une question orale

3. Voir annexe 5, les réponses de la présidence du Sénat à nos questions.

d'actualité au gouvernement, le jeudi 28 janvier 2016. Puis durant les deux premiers mois de 2016, il est venu au Sénat 4 fois, soit presque autant que pendant toute l'année précédente ! M. Gérard Larcher a été entendu certes… Mais le sénateur Pierre Frogier calcule soigneusement son assiduité *a minima*. Cela relève du calcul mental d'un écolier. Chaque mois, il lui suffit d'assister à une séance de la commission des Lois, à deux autres consacrées aux questions orales d'actualité au gouvernement et à une troisième organisée lors d'un vote solennel. Ce n'est pas chinois. Le prix à payer en temps n'est pas colossal. Un aller-retour gratuit Paris-Nouméa, soit quelques dizaines d'heures d'avion, en mariant une commission des Lois du mercredi et un vote solennel ou une séance de questions orales d'actualité au gouvernement, le mardi précédent ou le jeudi suivant. Le sénateur Pierre Frogier pourrait aussi souligner la « sanction physique, médicale » pour les parlementaires qui enchaînent des vols réguliers de dix à vingt heures dix mois sur douze. Reste que personne n'oblige des sexagénaires ou septuagénaires à se cramponner à leur mandat jusqu'à la limite de leurs forces. Pierre Frogier est rééligible en 2017, il aura 66 ans…

Il ne cumule plus ses fonctions de parlementaire avec celui de patron d'un exécutif local. Depuis le 20 septembre 2012, il a démissionné de son mandat de 3e président de l'Assemblée de la Province Sud. En principe, il avait et a donc toujours tout le temps de se consacrer à ses activités professionnelles et ses fonctions de sénateur. En fait, le peu d'assiduité de Pierre Frogier au Sénat s'expliquait en grande partie par les divisions fratricides de la droite en Nouvelle-Calédonie, des déchirements qui ne cessaient de s'amplifier. Dauphin potentiel du leader calédonien anti-indépendantiste et créateur du RPCR (Rassemblement pour la Nouvelle-Calédonie dans la République), Jacques Lafleur, Pierre Frogier n'a jamais réussi à vraiment s'imposer depuis la mort de ce grand politique et industriel en 2010.

Après les revers électoraux de son parti Le Rassemblement-UMP, devenu aujourd'hui Le Rassemblement-Les Républicains en 2012, son président Pierre Frogier a pris les choses en main. Complètement à la dérive, sa formation avait perdu ses deux députés, au profit de son rival de centre-droit, Calédonie Ensemble (CE), et la présidence du Congrès du territoire avait été raflée par un indépendantiste. À l'époque de sa démission en 2012, il avait promis devant la presse locale : « Le Rassemblement-UMP a besoin de se remettre en route, de retrouver une dynamique. Je veux me consacrer totalement à notre mouvement. » On le croit sur parole, sauf que pour lui il n'était pas question de démissionner du Sénat et d'abandonner sa petite galette financière de sénateur de 11 350 euros nets par mois. Il a dorénavant joué à l'homme invisible au palais du Luxembourg. Selon l'association Regards citoyens, Pierre Frogier a eu 4 semaines d'activité au Sénat durant la session 2011-2012, 4 en 2012-2013, 3 en 2013-2014, 11 en 2014-2015, et jusqu'à présent 11 également en 2015-2016.

Bien qu'il fût à l'époque l'un des 348 sénateurs les moins présents et les moins actifs de la République, Pierre

Frogier signait, le 16 octobre 2014, un communiqué de son parti Le Rassemblement-Les Républicains qui appelait à faire du Sénat « un pôle de résistance au pouvoir socialiste » sur le dossier calédonien. Défense d'en rire... L'UMP Gérard Larcher venait d'être réélu à la présidence du Sénat en lieu et place du socialiste Jean-Pierre Bel. Pour gagner un combat, encore faut-il y participer... Il était visiblement fort compliqué pour le sénateur Pierre Frogier de passer du rêve à la réalité. Le parlementaire était encore occupé à plein-temps à rapprocher les points de vue des différentes composantes de la droite calédonienne anti-indépendantiste. Mission remplie le 16 juillet 2015 : le secrétaire général du Rassemblement-Les Républicains, Thierry Santa, est élu président du Congrès de la Nouvelle-Calédonie. À ce proche de Pierre Frogier, il n'avait pas manqué une seule voix des partis anti-indépendantistes de la droite et du centre au sein de cette assemblée délibérative et législative locale. Le président Pierre Frogier avait réussi à casser l'image vieillissante de son parti en faisant élire ce fonctionnaire territorial de 47 ans seulement. Le parlementaire n'en avait pas mis fin pour autant à son rythme de sénateur au palais du Luxembourg. Il a subi une nouvelle retenue financière de 2 130 euros pour le premier trimestre 2016, ayant assisté à seulement 2 des 11 réunions du mercredi de la commission des Lois. Sa demande d'*excuse* pour la réunion du 13 janvier 2013 n'a pas été validée par la présidence du Sénat. Une interrogation subsiste : puisque tout montre que le sénateur ne court pas après les séances au Sénat (il n'y est pas allé une seule fois en mars et en avril 2016), à quoi sert son assistante parlementaire, sa fille Vaea Frogier, elle-même rémunérée très légalement par de l'argent public ?

Le parrain de Lyon sanctionné malgré tous ses efforts

Élu sénateur en 1999, Gérard Collomb (PS), 68 ans, est un super-cumulard. Maire de Lyon et président de *Lyon Métropole* (1,3 million d'habitants), ce professeur agrégé de lettres à la retraite de l'enseignement public était depuis plusieurs années dans le collimateur des hauts fonctionnaires de la questure du Sénat et du président Gérard Larcher. Et pour cause, ce jeune papa occupait la 10e place sur le podium des bonnets d'âne de la Haute Assemblée, selon la synthèse établie par l'association Regards citoyens. Son score : douze semaines d'activité dans l'Hémicycle ou en commission entre février 2015 et 2016. En effet, il se faisait très rare au palais du Luxembourg, ses mandats locaux lui laissant peu de latitude pour sauter dans un TGV pour Paris.

Mais ce sénateur élu et réélu depuis 1999 tient à ses fonctions de parlementaire et à ses indemnités, notamment son Irfm d'un peu plus de 6 000 euros. Aussi, cet ex-député (de 1981 à 1988) et ancien membre du Conseil économique et social a-t-il pris le taureau par les cornes dès la mise en place, le 1er octobre 2015, du système sanctionnant les absents. Le TGV Lyon-Paris est devenu l'un de ses bureaux préférés. Ainsi est-il venu notamment assister à 7 des 10 séances de la commission des Lois le mercredi.

Exactement les 7, 14, 21 octobre, les 4, 18 et 25 novembre, et le 16 décembre. Une commission des Lois qui s'est réunie au total 21 fois en incluant ses réunions du mardi et jeudi.

Il a donc assisté à 7 des 10 réunions du mercredi de la commission des Lois au dernier trimestre 2015. Tout allait bien, il avait réalisé un sans-faute. Une vraie révolution. Il revenait de loin… Depuis 2005, il n'était présent à l'année qu'environ deux semaines par an. Sauf qu'au dernier trimestre 2015, il a mal calculé son coup en séchant une séance hebdomadaire de trop. En effet, durant ces trois mois, il a assisté à 5 séances seulement (et non pas 6 comme il fallait) des 11 consacrées aux questions orales d'actualité au gouvernement. Les 6 et 21 octobre, 3 et 17 novembre et le 15 décembre. Certes, du 25 au 29 octobre dernier, le député-maire de Lyon et président de *Lyon Métropole* a conduit une importante délégation officielle en Algérie, indique un communiqué *Lyon Métropole*. Il ne pouvait donc pas être au Sénat, le jeudi 28 octobre, plus exactement à la séance de questions orales d'actualité au gouvernement.

Certains de ses collègues sénateurs produisent facilement un certificat médical ou demandent l'acceptation d'un cas de force majeure pour se faire *excuser*, en moins de vingt-quatre heures, par les questeurs pour une journée, une semaine ou mieux une quinzaine de jours. Gérard Collomb n'a jamais eu recours à ce genre de subterfuge. Ce n'est pas le genre de la maison… Sauf que le sénateur-maire de Lyon s'est fait *excuser* pour les mois de janvier et février 2016, suite à une embolie pulmonaire. L'élu a passé le réveillon du Jour de l'an à l'hôpital, le temps pour les médecins de résorber un caillot de sang qui avait bouché une artère menant à ses poumons. Depuis, le président de *Lyon Métropole* a repris le travail à petite vitesse.

Devenu très organisé et soucieux de ne pas être sanctionné bêtement, Gérard Collomb a remis les pieds au Sénat, le mardi 1er et le mercredi 2 mars. En deux jours, il a participé à un vote solennel, à une séance de questions d'actualité au gouvernement et à une réunion du mercredi de la commission des Lois. Efficace… À ce rythme, il n'a pas été sanctionné au premier trimestre 2016. Gérard Larcher et Bernard Saugey sont aux anges. La peur du gendarme a fonctionné. Mais sur le fond, la question reste pendante. Il reste très difficile de mener de front le métier de sénateur et celui de patron d'une agglomération de plus de 1 million d'habitants. Gérard Collomb ne veut pas démissionner de lui-même. Le changement de la loi sur le cumul le conduira à abandonner son mandat de parlementaire, en avril 2017, et donc ne pas attendre la fin de ses fonctions prévue en 2020. Adieu les 6 023 euros de l'Irfm et les 1 420 euros de l'indemnité de fonction qui étaient de l'argent de poche échappant légalement au fisc. En effet, tous ses frais sont pris en compte à l'année par ses mandats lyonnais, suite à des délibérations annuelles de ces collectivités.

Excusé, un mot inconnu pour Stéphane Ravier (FN)

Fonctionnaire employé au service commercial d'Orange Marseille qui le détache comme parlementaire, le sénateur

FN des Bouches-du-Rhône, Stéphane Ravier, élu en 2014, figure au 21e rang sur le podium des rois fainéants du Sénat de février 2015 à 2016. Avec 16 semaines de présence sur 40 d'activité de la Haute Assemblée selon les calculs de l'association Regards citoyens. Ce membre du bureau politique du Front national est également un cumulard de choc. Maire du 7e secteur de Marseille depuis 2014, le plus peuplé de la ville avec 150 000 habitants des quartiers nord dans les 13e et 14e arrondissements, Stéphane Ravier n'est donc pas très assidu au Sénat, mais il n'a jamais demandé à être *excusé*.

Membre de la commission de la Culture, il a été présent à 3 (les 21 octobre, 18 et 25 novembre) des 10 réunions obligatoires du mercredi de cette commission au dernier trimestre 2015. En fait, cette commission de la Culture s'est réunie 17 fois le mercredi et les autres jours de la semaine pendant les mêmes trois mois. Stéphane Ravier a réalisé une tout aussi mauvaise performance aux questions orales d'actualité au gouvernement. 3 présences seulement sur 11 séances. Cela ne changeait rien au montant de sa retenue financière de 2 130 euros applicable à une ou deux catégories d'absence. En effet, il est resté dans les clous pour les scrutins solennels, assistant à 2 de ces 4 votes organisés au dernier trimestre 2015. En conséquence, la questure a sanctionné Stéphane Ravier à hauteur de 2 130 euros pour son manque de présence autant en commission qu'aux séances de questions orales d'actualité au gouvernement.

Depuis, Stéphane Ravier a amélioré sa présence au Sénat. Certes, il a subi une retenue financière de 2 130 euros pour avoir participé, au premier trimestre 2016, à seulement 3 des 11 réunions du mercredi de la commission de la Culture. En revanche, il a assisté aux 3 votes solennels (le 26 janvier, le 1er et le 22 mars) et à 6 des 11 séances de questions orales d'actualité au gouvernement. Peut mieux faire…

David Rachline (FN), le benjamin du Sénat

Le sénateur-maire de Fréjus, David Rachline (FN-Var), 28 ans, n'est pas, lui, dans les petits papiers des dignitaires du Sénat, condition nécessaire et obligatoire pour être *excusé.* Il a subi une retenue de 2 130 euros pour avoir assisté à seulement 3 des 9 réunions du mercredi de la commission de l'Aménagement du territoire et du Développement durable, au dernier trimestre 2015. En revanche, le benjamin de la Haute Assemblée a participé aux 4 votes solennels et à la majorité des 11 séances de questions au gouvernement.

Pour le premier trimestre 2016, il a également fait l'objet d'une retenue financière de 2 130 euros pour avoir encore assisté seulement à 3 des réunions du mercredi de la commission de l'Aménagement du territoire et du Développement durable. Son assiduité a été correcte pour les questions orales d'actualité au gouvernement et les votes solennels. Visiblement, le travail peu médiatique en commission intéresse moins les 2 sénateurs frontistes que les interventions dans l'Hémicycle sous l'œil des caméras…

Jean-Pierre Masseret, au nom de la lutte anti-FN…

Ancien inspecteur des impôts et sénateur de Moselle élu depuis 1983 (!), Jean-Pierre Masseret, 73 ans, a été président du conseil régional de Lorraine (2004 à 2015), puis secrétaire d'État aux Anciens Combattants (1997 à 2001). Ce marathonien des mandats, redevenu aujourd'hui simple conseiller régional d'Alsace-Champagne-Ardenne-Lorraine, avait refusé de retirer sa liste aux dernières régionales pour laisser la droite seule représentante du Front républicain face au FN, comme le lui demandait avec force la direction du PS. Par voie de conséquence, la liste de droite l'a emporté certes, mais Jean-Pierre Masseret et quelques-uns de ses amis ont conservé leur siège de conseiller régional.

Son goût immodéré pour les mandats, que traduisait sa bagarre avec la direction nationale du PS, lui a été fatale en matière d'assiduité au Sénat pour le dernier trimestre 2015. Certes, il a assisté à 4 des 7 réunions du mercredi de la commission des Affaires étrangères. Très exactement les 7 et 14 octobre, le 18 novembre et le 16 décembre. Il n'a donc pas été sanctionné pour cela. En effet, il avait participé à plus de la moitié des 7 réunions du mercredi de cette commission prises en compte au dernier trimestre 2015 pour décider des sanctions. C'était le règlement, bien qu'il ait participé à seulement 4 des 16 réunions de cette commission pendant le même trimestre. Mais le sénateur mosellan était sans nul doute mal informé. En effet, comme le précise discrètement le règlement du

Sénat, la réunion d'une commission du mercredi reste obligatoire, si elle est consacrée en partie à un projet ou proposition de loi. Or, 2 des 9 réunions du mercredi n'ont donné lieu qu'à des auditions de hauts-fonctionnaires. Jean-Pierre Masseret croyait donc avoir besoin d'être excusé une journée, comme son collègue Didier Robert de La Réunion, afin de ne pas être sanctionné financièrement. Mais la prudence est mère de toutes les sûretés... Comme le précise le *Journal officiel*, sans l'expliquer clairement, l'élu mosellan a donc demandé non pas un jour d'excuse, mais deux, les 25 novembre et 9 décembre 2015. Le plus étrange apparemment reste que cette mention *excusé* n'est pas mentionnée sur le tableau officiel des activités du sénateur, publié sur le site du Sénat. Explication : la présidence du Sénat n'a pas accordé ces deux demandes d'excuses pour les 25 novembre et 9 décembre 2015. Logique, puisque Jean-Pierre Masseret était en pleine campagne électorale des régionales à ces deux dates et qu'il ne risquait pas d'être sanctionné pour ses absences en commission des Affaires étrangères.

En réalité, Jean-Pierre Masseret s'est fait sanctionner pour n'avoir pas assisté à la moitié des 11 séances de questions orales d'actualité au gouvernement. Il n'a pu participer qu'à 4 de ces séances de questions orales d'actualité au gouvernement, les 1er et 6 octobre, 17 novembre et 15 décembre. Dans une interview, Jean-Pierre Masseret reconnaît son absentéisme endémique à cette époque :

> J'ai été absent fin 2015 puisque j'étais engagé dans les élections régionales. Je savais que j'allais être sanctionné. Ça a été le cas. Un point c'est tout. Aujourd'hui, je suis davantage disponible. Je suis donc présent au Sénat[4].

Titulaire de 25 semaines d'activité sur 40 au total, Jean-Pierre Masseret se classe 65e au hit-parade des cancres du Sénat pour la période février 2015-2016, établi par l'association Regards citoyens. Aujourd'hui, Jean-Pierre Masseret le cumulard est bel et bien mort... Le sénateur a assisté, au premier trimestre 2016, aux 10 commissions du mercredi des Affaires étrangères. De même, il a participé au même moment aux 3 votes solennels et à presque toutes les 11 séances de questions orales d'actualité au gouvernement. Il ne demande plus à être *excusé*... Hors période électorale, Jean-Pierre Masseret est presque un sénateur exemplaire, si ce n'est qu'on le voit rarement le jeudi au palais du Luxembourg.

Le distrait Serge Dassault, 90 ans, vice-doyen du Sénat

Au dernier trimestre 2015, l'avionneur et sénateur Serge Dassault a assisté à 7 des 10 séances du mercredi de la commission des Finances et à 3 sur 4 votes solennels. En revanche, ce nonagénaire étourdi ou mal conseillé n'a pas

4. Fabrice Barbian, Jean-Pierre Masseret : « Les politiques sont des boucs émissaires », *Le Grand Est*, été 2016.

participé à 6 des 11 séances consacrées aux questions orales d'actualité au gouvernement. Étant absent à plus de la moitié des 11 séances, c'est-à-dire les 3, 12, 17 et 26 novembre ainsi que les 10 et 15 décembre 2015, il a donc été sanctionné à hauteur de 2 130 euros. Une chose est sûre : depuis le mois de janvier 2016, le vice-doyen du Sénat a assisté à presque toutes les séances de questions orales d'actualité au gouvernement.

Le sénateur de l'Essonne ne sera pas sanctionné pour le premier trimestre 2016. M. le doyen d'âge ne veut plus se voir retirer 2 130 euros. On peut être milliardaire, en délicatesse judiciaire avec son immunité parlementaire (soupçonné d'achats de vote) et sensible aux petites sanctions financières… Considéré comme la 5e fortune française (12,8 milliards d'euros), l'héritier de l'avionneur Marcel Dassault reste classé 77e au hit-parade des cancres de février 2015-2016 du palais du Luxembourg établi par l'association Regards citoyens avec 26 semaines d'activité sur 40.

Comme on l'a déjà vu, la commission des Affaires étrangères est la commission permanente qui abrite le plus de feignants, de flemmards, de cumulards « complètement débordés » et de malades vrais ou faux. Non seulement parce que 4 des 14 sanctionnés en font partie, mais aussi parce que cette commission a totalisé 31 *excusés* parmi ses membres au dernier trimestre 2015. Un record ! Parmi les *excusés* qui ont fait un carton, se détachent : les 5 *excuses* pour une maladie réelle d'Alain Néri (PS-Puy-de-Dôme), 73 ans ; et les 2 *excuses* pour d'autres membres de la commission.

Son président Jean-Pierre Raffarin (LR-Vienne), la sénatrice Éliane Giraud (PS-Isère), 63 ans, ex-vice-présidente du conseil régional Rhône-Alpes, tête de la liste de gauche dans l'Isère aux régionales de décembre 2015, l'ex-président du conseil régional de Lorraine, Jean-Pierre Masseret (PS-Moselle), 71 ans, et Jean-Paul Fournier (LR-Gard), 70 ans, maire de Nîmes. À l'inverse, la commission des Affaires économiques voit ses 39 membres se hisser sur la première marche du podium des bons élèves. Avec près de 14 % d'absents ou d'*excusés*, soit une moyenne de 5 sénateurs qui font l'école buissonnière chaque mercredi. Évidemment, les moyennes dégringolent lorsqu'on prend en compte toutes les réunions de ces commissions, y compris celles du mardi et du jeudi.

Le royaume des tire-au-flanc : la commission des Affaires étrangères

Cinq sénateurs ont échappé de justesse à une sanction pour absentéisme au dernier trimestre 2015. Trois d'entre eux (Jean-Vincent Placé, Robert Laufoaulu et Hubert Falco) sont des membres de la commission des Affaires étrangères. Cette commission a totalisé 31 excusés parmi ses membres au dernier trimestre 2015 et 41 au premier trimestre 2016. Ce qui était à l'époque un record parmi les 7 commissions permanentes de la Haute Assemblée. L'article 23 bis du nouveau règlement du Sénat oblige un sénateur à se rendre à au moins la moitié des réunions du mercredi de la commission permanente, dont il est membre… Mais en prenant en compte uniquement les réunions « convoquées le mercredi matin et consacrées à l'examen de projets de loi ou de propositions de loi ou de résolution ». Voilà qui assouplit sérieusement la règle ! Or, au dernier trimestre 2015, la commission des Affaires étrangères s'est réunie 16 fois. Mais sur ce total, il y a eu 9 réunions le mercredi matin, dont seulement 7 réunions consacrées à des projets de loi, les deux autres étant réservées à des auditions de hauts fonctionnaires. Résultat : un sénateur, qui n'est venu qu'à 4 réunions sur l'ensemble du dernier trimestre 2015 échappait légalement à toute sanction.

C'est le cas de l'ancien président des sénateurs écologistes, Jean-Vincent Placé, compté présent à quatre reprises à la commission des Affaires étrangères d'octobre à décembre 2015. Sénateur de l'Essonne, Jean-Vincent Placé a été nommé secrétaire d'État chargé de la réforme de l'État, le 11 février 2016. Il a bénéficié de l'indulgence du président du Sénat en assistant qu'à 3 (sur 7) réunions du mercredi de la commission des Affaires étrangères : les 14 octobre, 25 novembre et 9 décembre 2015. Mais son absence à une quatrième réunion du mercredi de cette commission (le 4 novembre 2015) n'a pas été prise en compte, sous prétexte qu'il était ce jour-là en déplacement en Corée du Sud, son pays natal, aux côtés de François Hollande. « Ce n'est pas strictement prévu par le règlement, mais il y a eu une interprétation du président du Sénat pour assimiler ce déplacement à une présence[5] », explique sans la moindre

5. Cf. Louis Hausalter, « Absentéisme : le Sénat piégé par sa vraie-fausse transparence », *Marianne*, 17 mai 2016.

gêne Jean-Louis Hérin, le secrétaire général de la présidence du Sénat. Cela a permis à Jean-Vincent Placé d'être excusé et officiellement compté présent le 4 novembre 2015, et donc d'échapper à une retenue de 2 130 euros. Par ailleurs, le sénateur écologiste était dans les clous pour les séances de questions orales d'actualité au gouvernement et de votes solennels.

Au service de Dieu et du Sénat, Robert Laufoaulu est le deuxième sénateur de la commission des Affaires étrangères à avoir échappé de justesse à une sanction financière au dernier trimestre 2015. Sénateur depuis 1998 de Wallis et Futuna, ce religieux de 68 ans de l'ordre du Sacré-Cœur a participé à 4 des 7 réunions du mercredi de la commission des Affaires étrangères et à un seul des trois votes solennels durant ces 3 mois.

Selon l'article 23 bis, les 19 sénateurs ultramarins doivent assister à au moins un tiers des séances en commissions ou dans l'Hémicycle. Robert Laufoaulu était donc dans les clous pour toutes ces séances. Sauf que cet ancien missionnaire au Canada, au Vanuatu et en Nouvelle-Calédonie n'a assisté qu'à 3 des 11 séances de questions orales d'actualité au gouvernement pendant la même période. Conclusion : pour ne pas être sanctionné, le sénateur wallisien aurait dû être présent une journée de plus. Robert Laufoaulu a donc demandé à bénéficier d'un jour d'excuse qui lui a été accordée par le secrétariat de la présidence et les questeurs du Sénat.

Le 1er octobre 2015, devant la délégation sénatoriale à l'outre-mer (dont il est membre), ce sénateur avait prévu d'être sanctionné tout en dénonçant la nouvelle réglementation sur l'absentéisme :

> J'ai bien réfléchi en me demandant même, à un moment donné, si j'allais continuer dans mes fonctions. Quoi que l'on fasse, si l'on ne change pas la nouvelle réglementation, je serai sanctionné tous les trimestres. Je préfère encore plutôt démissionner que d'être sanctionné. Les rapports sur nos absences sont repris sans nuance et sans explication par les réseaux sociaux. Nous sommes de plus en plus malmenés, surtout dans nos territoires. C'est une double sanction.

En août 2016, Robert Laufoaulu n'avait toujours pas démissionné de son mandat de sénateur et répondu à notre courrier. En fait, classé 25e au hit-parade des cancres du Sénat avec 17 semaines de présence sur 40[6], ce sénateur LR est condamné à chercher comment échapper à une réglementation trop contraignante pour les parlementaires ultramarins. Il met 20 heures en avion pour rejoindre la métropole. Située entre Tahiti et la Nouvelle-Calédonie, Wallis-et-Futuna est peuplée de 13 000 habitants, dont les 15 grands électeurs qui ont élu ce parlementaire. De plus, le Sénat ne rembourse au sénateur wallisien qu'un aller et retour par mois ainsi que 1 000 euros de frais d'hébergement mensuels dans la capitale. Robert Laufoaulu est donc resté trois semaines à Paris, du 13 au 28 février 2016, le temps

6. Selon les calculs de l'association Regards citoyens sur la période février 2015-février 2016.

d'assister à 3 des 9 réunions de la commission des Affaires étrangères et à 3 séances de questions orales d'actualité au gouvernement. Il a donc fait le minimum, avant d'être excusé pour des raisons qui restent officiellement secrètes, du 3 au 25 février et du 1er au 31 mars. Aux 3 scrutins solennels, il a été excusé pour 2 votes (les 1er et 22 mars) et présent pour le 3e, le 26 janvier 2016. Même résultat pour les 11 séances de questions d'actualité au gouvernement, où ses nombreuses excuses lui ont permis, là encore, de ne pas être sanctionné. Même résultat au 2e trimestre 2016 : le sénateur a été excusé 1 semaine en avril, tout le mois de mai et 2 semaines et demi en juin. Impossible pour lui, donc, d'être sanctionné. Sur 12 semaines de session au Sénat, il a été présent durant 4 semaines. Gérard Larcher et Bernard Saugey, le premier questeur, atteignent ainsi les limites de leur système contre-productif qui les transforme en distributeurs de carottes et de coups de bâton. Mais du moment que ces dysfonctionnements ne franchissent pas les portes du Sénat…

Troisième sénateur de la commission des Affaires étrangères à avoir échappé de justesse à une sanction au dernier trimestre 2015, Hubert Falco se classe 54e au hit-parade des cancres du Sénat avec 23 semaines d'activité sur 40, de février 2015 à février 2016 . Maire de Toulon et président de Toulon Provence Méditerranée, ce sénateur illustre une fois encore la grande difficulté pour un élu de mener de front un mandat de parlementaire et un mandat de chef d'un gros exécutif local. Jusqu'à la mise en place de sanctions pour lutter contre l'absentéisme au palais du Luxembourg,

Hubert Falco venait tranquillement 3 à 4 semaines par an au Sénat depuis les années 2010, selon les calculs de l'association Regards citoyens. Mais déjà, lors de la session 2014-2015, il avait fait de louables efforts, alignant plus d'une vingtaine de semaines d'activité (sur 40) à la Chambre haute. Par ailleurs, il ne pratique pas le certificat médical de complaisance et la demande d'excuse facile et invérifiable, pour cas de force majeure.

Au dernier trimestre 2015, le sénateur-maire a participé à 4 des 7 commissions du mercredi des Affaires étrangères, à 7 des 11 séances de questions orales d'actualité au gouvernement et aux 4 votes solennels. En résumé, il suffisait qu'Hubert Falco manque une commission du mercredi pour être sanctionné à hauteur de 2 130 euros pour tout le dernier trimestre 2015. Tout comme Jean-Vincent Placé et Robert Laufoaulu, le sénateur-maire de Toulon a assisté en réalité à 4 des 16 séances de la commission des Affaires étrangères au dernier trimestre 2015. Ce qui ne reflète pas une assiduité extraordinaire… Au premier trimestre suivant, toujours sans la moindre demande d'excuse, Hubert Falco a continué à gérer sa présence au Sénat au millimètre. Il a assisté à 5 des 10 réunions du mercredi de la commission des Affaires étrangères, à 6 des 11 séances de questions d'actualité au gouvernement et à l'ensemble des 3 votes solennels. Soit 14 journées de présence au Sénat à Paris pour trois mois, ou un peu plus de 4 jours par mois dans la capitale. M. Falco reste un parlementaire exemplaire, présent presque chaque semaine à Paris, pratiquement toujours le mardi et le mercredi, rarement le jeudi.

Deux abonnés « exemplaires » au système des *excuses*

Autre parlementaire qui met plus de 20 heures d'avion (24 heures exactement selon lui) pour relier son département d'outre-mer à Paris, Thani Mohamed Soilihi, l'un des deux sénateurs de Mayotte, une île de 227 000 habitants située au nord de Madagascar. Il est difficile pour cet élu classé divers gauche de se conformer au règlement interne du Sénat en matière d'absentéisme. Certes, cet avocat de 44 ans a assisté à 6 des 10 réunions du mercredi de la commission des lois au dernier trimestre 2015. Il était également dans les clous pour les 11 séances de questions orales d'actualité au gouvernement. En revanche, il n'a pas participé à 3 des 4 votes solennels à la tribune au dernier trimestre 2015. Exactement les 6 octobre, 17 novembre et 8 décembre 2015. Or, en tant que sénateur ultramarin, il devait assister à 1/3 de ces votes et non à 1/4. En fait, le secrétariat de la présidence du Sénat et les questeurs ont décidé de le faire bénéficier d'une journée d'excuse pour l'une de ces 3 dates, conformément à sa demande. Le motif de cette excuse reste secret.

Classé 30e au hit-parade des cancres du Sénat par l'association Regards citoyens, le sénateur de Mayotte a été présent pendant 19 semaines sur les 40 d'activité pour la session février 2015 à février 2016. Au premier trimestre 2016, il ne risquait pas d'être sanctionné, ayant loué un appartement à Paris. Il a cependant demandé à être excusé du 1er au 3 mars, puis du 8 au 10 mars. Sans ces 6 journées d'excuses (restées confidentielles) qui lui ont été accordées, ce sénateur aurait été sanctionné faute d'avoir assisté aux 3 séances minimales de votes solennels et aux 11 de questions orales d'actualité au gouvernement. Il se trouve dans la même situation que Robert Laufoaulu.

En revanche, être sénateur à Marseille permet d'être à Paris en 3 heures avec le TGV… Le sénateur Bruno Gilles, 55 ans, ne peut donc invoquer l'excuse de l'éloignement pour justifier ses absences. Pourtant, le conseiller communautaire de la métropole Aix-Marseille Provence, maire du 3e secteur de Marseille (soit le patron d'un exécutif local de 94 000 habitants) et président des Républicains dans les Bouches-du-Rhône, a autant de mal à être présent au Sénat que ses collègues de Mayotte ou de Wallis-et-Futuna. Classé 27e au hit-parade des cancres du Sénat dressé par l'association Regards citoyen, ce super-cumulard n'a eu, de février 2015 à février 2016, que 17 semaines d'activité sur 40. Questionné par un journaliste dans *La Provence* du 1er octobre 2015, Bruno Gilles répondait pourtant qu'il faisait partie des « bons élèves » du Sénat. Sous le titre « Sénat : bons élèves et bonnets d'ânes », ce quotidien régional écrivait :

> Les sénateurs peu assidus savent désormais qu'ils peuvent faire l'objet de sanctions financières pouvant aller jusqu'à 4 400 euros par mois en vertu d'un nouveau règlement en vigueur aujourd'hui à la Chambre haute du Parlement. Une mesure qui n'inquiète en rien Bruno Gilles, le sénateur-maire LR de la mairie du 3e secteur de Marseille. Venu récemment en visite à

Ventabren pour annoncer à son ami Claude Filippi que sa commune bénéficierait d'une subvention de 30 000 euros octroyée sur sa réserve parlementaire, l'élu marseillais en a profité pour glisser qu'il faisait partie des « bons élèves » du Sénat. Bruno Gilles en veut pour preuve la rallonge de 30 000 euros accordée en 2015 à sa réserve parlementaire de 100 000 euros, en tant que sénateur siégeant assidûment en commission et dans l'Hémicycle.

Au dernier trimestre 2015 et depuis, le sénateur Bruno Gilles n'a jamais été sanctionné pour absentéisme, mais il n'a pas été non plus d'une assiduité exemplaire. Un seul exemple : ce « bon élève » du Sénat n'a assisté qu'à 3 des 9 commissions des Affaires sociales du mercredi. Les 18, 25 novembre et 9 décembre 2015. Mais il n'a pas été sanctionné, étant excusé pour les réunions du mercredi de cette même commission des 7, 21 et 28 octobre 2015 par les autorités du Sénat. Maladie ou cas de force majeure ? Le secret est bien gardé. Une chose est sûre : en son absence, Bruno Gilles a délégué son droit de vote pour ces 3 réunions du mercredi de la commission[7], comme en fait foi le *Journal officiel*.

Le sénateur a également demandé à être excusé le jeudi 12 novembre 2015, comme le précise son tableau d'activité publié sur le site du Sénat. Cette excuse lui a été accordée par les autorités du Sénat pour des raisons restées toujours

7. Ce qui équivaut au bénéfice d'une excuse, en vertu des observations pour le moins laxistes du Conseil constitutionnel sur la réglementation des absences au Sénat.

secrètes. Le parlementaire a fait cette requête parce qu'il avait assisté à trop peu des 11 séances de questions orales au gouvernement. Mais, le 16 novembre 2015, le quotidien *La Provence* précise que Bruno Gilles officiait tout à fait normalement dans sa mairie ce jeudi 12 novembre. Ni maladie, ni cas de force majeure. Il accueillait à leur séance de dédicace 2 auteurs de BD, Morgann Tanco et Éric Stoffel, qui ont adapté le célèbre ouvrage de Marcel Pagnol *La gloire de mon père*. Certes, une séance de dédicaces de BD reste beaucoup plus agréable qu'une séance de questions orales d'actualité au gouvernement au Sénat… Mais, cela ne justifie pas la moindre excuse pour une absence au Sénat, selon l'article 23 bis de cette assemblée. Au premier trimestre 2016, Bruno Gilles a demandé à être excusé pour 21 journées sur 33. Mais le mercredi 23 mars 2016, sa demande d'excuse lui a permis de sécher la réunion de la commission des Affaires sociales qui avait lieu le même jour. Or, le procès-verbal[8] de la réunion du Conseil de Territoire de la Métropole d'Aix-Marseille-Provence, tenue le même jour le 23 mars 2016 à 15 h 30, indique non seulement que le conseiller de territoire Bruno Gilles était présent, mais qu'il a été aussi élu vice-président de cette assemblée avec 99 voix. Sa présence ce jour-là à Marseille n'était pourtant pas indispensable puisque Jean-Claude Gaudin a été élu président de cette assemblée avec une confortable majorité. De plus, Bruno Gilles pouvait parfaitement confier une délégation

8. Consultable sur le site de la préfecture des Bouches-du-Rhône et sur celui de la métropole Aix-Marseille-Provence à la rubrique « Recueil des actes administratifs ».

de vote à l'un de ses collègues. Enfin, le sénateur ne pouvait pas demander à être excusé au Sénat pour assister à cette séance d'un exécutif local. L'article 23 bis du règlement interne du Sénat interdit d'accorder cette autorisation qui n'a rien à voir avec un cas de force majeure.

Étant donné la pluie d'excuses qui s'est abattue sur lui au premier trimestre 2016, le sénateur était assuré de ne pas être sanctionné pour ces trop nombreuses absences aux réunions du mercredi de la commission des Affaires sociales et aux séances de questions orales d'actualité au gouvernement. Ce secrétaire du bureau a ainsi participé à une seule des 11 réunions hebdomadaires du bureau du Sénat qui se sont tenues à cette époque. Au deuxième trimestre 2016, Bruno Gilles a seulement bénéficié de deux excuses. Sur 32 journées en session au Sénat, ce dignitaire a été présent 18 fois, ce qui marque une petite amélioration par rapport aux mois précédents. Reste qu'il n'a participé durant ce second trimestre 2016 qu'à seulement 2 des 11 réunions du bureau du Sénat en tant que secrétaire de cet organisme. Le sénateur ne s'active donc pas beaucoup pour la gestion de la gouvernance du Sénat qui, en tant que secrétaire du bureau, lui est pourtant rémunérée par une indemnité de 695,81 euros brut par mois. Stricto sensu, le sénateur Bruno Gilles fait partie des « bons élèves » du Sénat, comme il se plaît à le souligner. Encore faudrait-il qu'il joue la carte de la transparence, face aux journalistes, en ce qui concerne ses nombreuses excuses. Une simple question d'exemplarité qui permettrait de redorer l'image de marque d'un Sénat qui en a cruellement besoin. Le sénateur Bruno Gilles n'a jamais répondu à notre mail du 19 février 2016.

En dehors des 9 sénateurs sanctionnés que nous avons identifiés, une dizaine de leurs collègues auraient dû être aussi financièrement sanctionnés au dernier trimestre 2015, mais ne l'ont pas été apparemment pour des raisons de santé, ayant été ou étant toujours réellement en longue maladie ou en maladie. Seuls 5 de ces parlementaires en longue maladie, Philippe Esnol (RDSE-Yvelines), Jean-Claude Frécon (PS-Loire), Jean-Louis Carrère (PS-Landes), Alain Néri (Puy-de-Dôme) et Jean-Paul Savary (LR-Marne), victime lui d'une grave chute de cheval, ont jugé utile de répondre à nos sollicitations. Nous les remercions ici de leur réponse qui était essentielle dans notre enquête. Une enquête qui se heurte, c'est la loi du genre, au silence et à l'opacité du secrétariat général et du bureau du Sénat. Si ce n'était pas le cas, ce livre n'aurait d'ailleurs pas lieu d'être. Les *excusés* les plus nombreux, en termes de longue maladie et de cas de force majeure, semblent se recruter tout particulièrement parmi les 3 des 4 sénateurs de l'île de La Réunion. Nous avons déjà parlé ici du sanctionné Didier Robert, président du conseil régional de La Réunion. Sur son opposant local du PS, le sénateur et pharmacien Michel Vergoz, 65 ans, il n'y a rien à redire. Les 3e et 4e sénateurs de La Réunion, Paul Vergès (PCR-Parti communiste réunionnais), 90 ans, recroquevillé sur son unique mandat de sénateur, et son vieil adversaire de droite, le Dr Michel Fontaine (LR), 63 ans, maire de Saint-Pierre et conseiller régional, sont les deux sénateurs les plus *excusés*. Deux champions discrets des *excusés*, pour longue maladie ou cas de force majeure. Impossible d'en savoir plus, c'est un secret d'État... Et pas question pour ces « grands malades » d'être soumis comme n'importe quel malade à un contrôle de la Sécurité sociale au bout de six mois d'arrêt. La caisse de la Sécurité sociale des sénateurs veille à assurer leur tranquillité. On est chez les fous !

L'empereur des absents *excusé* depuis dix-neuf mois !

Ces deux crocodiles de la vie politique réunionnaise ont tout prévu, ils se sont fait *excuser* jusqu'en juin 2016 ! Depuis septembre 2014 pour le premier et pour le second à partir de décembre 2015, comme l'indique leur tableau mensuel d'activités. Mais la transparence a des limites au palais du Luxembourg... Pas question de permettre à l'internaute et au citoyen de remonter dans le temps l'agenda de Paul Vergès et de Michel Fontaine et de leurs 346 collègues. Leur tableau d'activités du mois d'octobre 2015 (mis en place à cette date) n'a jamais été rendu public. Secret Défense... Rien de nouveau sous le beau soleil de l'île de La Réunion, puisque leur présence en commission et dans l'Hémicycle ressemble à un électroencéphalogramme plat depuis quatre ans, selon l'association Regards citoyens.

Membre de la commission de l'Aménagement du territoire et du développement durable, Michel Fontaine n'a pas été pas sanctionné pour avoir assisté à seulement 2 des

8 réunions du mercredi de cette commission au dernier trimestre 2015. Pas plus que pour avoir joué aux fantômes aux 11 séances de questions orales d'actualité au gouvernement et aux 4 de votes solennels. En effet, depuis le 1er décembre dernier, la mention *excusé* barre ses tableaux mensuels d'activité. Sauf qu'en 2016, ce radiologue est revenu au Sénat, 2 jours en janvier (les 13 et 14), 1 en février (le 16) et 3 en mars (8, 22 et 31). D'un seul coup, il n'était plus malade ou sous le coup d'un cas de force majeure. Tant chez le bon docteur radiologue qu'au secrétariat général du Sénat, la consigne sur le sujet reste : motus et bouche cousue… En fait, le médecin Michel Fontaine ressuscite de temps à autre. Un vrai mystère aussi, bien qu'on ne soit pas à Lourdes, mais au palais du Luxembourg !

Le sénateur Paul Vergès est aussi un vrai miraculé de l'île de La Réunion. Au milieu de ses tableaux mensuels d'activités émaillés des dizaines de fois du mot « excusé » – et cela durant dix-neuf mois pour l'instant –, le sénateur a assisté à 2 séances plénières dans l'Hémicycle, les 16 et 26 janvier 2016. Sans la moindre explication de la part de la questure, de la présidence du Sénat et de l'intéressé lui-même. Au nom du respect de la vie privée, bien entendu. Pendant la session précédente au cours de l'année 2014-2015, Paul Vergès a tout de même participé à 8 des 40 semaines de travail au Sénat selon les calculs de l'association Regards citoyens. À l'époque, il ne risquait rien puisqu'aucune sanction financière ne visait les rois fainéants du palais du Luxembourg.

Le sénateur Paul Vergès (élu en 1996, puis sans cesse réélu, avec une interruption en tant que député européen) reste donc absent au palais du Luxembourg depuis septembre 2014 et ne se prive pas de raconter qu'il n'a pas été sanctionné. « Je ne fais pas partie des parlementaires sanctionnés pour des raisons considérées valables par le Sénat », répète-t-il sans cesse aux journalistes réunionnais, se refusant à donner plus de précisions. Et pas question aujourd'hui de démissionner, malgré son grand âge et ses belles promesses, pour renoncer à son Irfm et son indemnité de fonction. Président du conseil régional de La Réunion de 1998 à 2010, il avait été battu par le jeune Didier Robert. Paul Vergès avait été vivement critiqué pour son népotisme. Il avait placé son fils à la vice-présidence de la région Réunion lors de son mandat de président de région, et sa fille à la direction scientifique et culturelle de la Maison des civilisations de La Réunion.

Surveillé comme le lait sur le feu par les membres de l'association Regards citoyens, le compteur des présences de l'ancien journaliste aligne surtout des zéros depuis septembre 2014. Seul témoignage de l'activité de ce doyen du Sénat, les amendements, propositions de lois et questions écrites. Enfin, tout ce que le fondateur du Parti communiste réunionnais peut rédiger et envoyer par e-mail sans quitter son île... C'est la première fois, depuis avril 1955, que Paul Vergès fait ainsi l'école buissonnière. Cette année-là, le fondateur du Parti communiste réunionnais (PCR) décrochait son premier mandat politique, étant élu conseiller général. C'était le tout début d'une longue carrière qui verra le frère du célèbre avocat Jacques Vergès dominer la vie politique de l'île pendant cinquante-cinq ans, se faisant élire successivement député, sénateur, maire du Port, député européen et élu en 1998 président du conseil régional de La Réunion, puis réélu en 2004.

Paul Vergès avait toutefois annoncé en 2011 qu'il démissionnerait en cours de mandat pour « garantir » un siège à l'élu du MoDem, troisième sur sa liste. Une pratique dont il a été coutumier tout au long de sa longue carrière politique. En 1987, il avait quitté l'Assemblée nationale et cédé sa place à son fils Laurent, un de ses quatre enfants, décédé à 33 ans en 1988. Réélu en 1993, il abandonne de nouveau son mandat de député en 1996 pour siéger au Sénat. Réélu en 2001, il démissionne en 2004 pour retourner au Parlement européen, d'où il se retire en 2007 au profit d'une élue antillaise. En plus d'un demi-siècle de vie publique, il aura été conseiller général (1955), député (1956, 1986, 1993), sénateur (1996-2005), parlementaire européen (1979-1989, 2004-2007), maire (1971-1989), président de région (1998-2010). À ses adversaires qui lui reprochent souvent sa « soif de pouvoir » et son « entêtement » à briguer des mandats malgré son grand âge, il répond en citant Malraux : « Il n'y a qu'une seule manière de combattre, c'est d'être vainqueur. » À 90 ans, le doyen du Sénat semble prêt à se représenter en 2017. Pourquoi se gêner ?

Le sénateur François Baroin, un tricheur légal

Il y a une dernière catégorie de tricheurs très discrets, les tricheurs tout à fait légaux qui ne se font même pas *excuser*. La consultation de leur tableau d'activités sur le site du Sénat et leur présence en commission indiquée au *Journal officiel* n'en gardent pas la moindre trace. Ces sénateurs, cumulards le plus souvent, et donc officiellement complètement débordés, restent toujours impeccablement dans les clous par rapport au système de sanctions mis en place pour réprimer l'absentéisme. Ces parlementaires ont remis au goût du jour une parade très astucieuse qui place les employés du Sénat en porte-à-faux. Pour en savoir plus, nous avons posé la question suivante aux services de la présidence du Sénat : « Chaque commission du mercredi se déroule en une, deux, trois ou même quatre séances séparées par des suspensions de séances. Suffit-il d'assister à l'une de ces séances pour être considéré comme présent ? » Et la présidence de répondre : « La réunion de commission du mercredi matin est considérée comme une seule réunion, quel que soit le nombre de projets ou de propositions de loi qu'elle examine. Est donc comptabilisé comme présent un sénateur qui a participé à cette réunion[9]. »

Il faut savoir que deux fonctionnaires sont chargés de l'organisation de chaque réunion d'une commission permanente et entre autres de noter les sénateurs présents. Bien sûr, un de ces parlementaires ne peut pas partir au bout de dix minutes, sous l'œil du président et de ses collègues. Mais

9. Voir annexe 5, réponse n° 26 de la présidence du Sénat à nos questions.

nombre de ces réunions commencent à 9 heures du matin pour se terminer en fin d'après-midi vers 17 ou 18 heures avec des interruptions de séance pour déjeuner et d'autres de quelques minutes quelquefois. C'est le moment idéal pour les tricheurs qui, sous le prétexte d'un agenda écrasant, disparaissent discrètement.

L'un des cas les plus évidents se cache derrière l'ancien ministre et président de la puissante Association des maires de France (AmF), François Baroin, 50 ans, sénateur-maire et président de la communauté d'agglomération de Troyes. L'ancien ministre du Budget est bien entendu membre de la commission des Finances qui s'est réunie 10 fois le mercredi au dernier trimestre 2015. Il n'a été absent que 3 fois, les 27 octobre, 25 novembre et 16 décembre. Tout va bien, il est dans les clous. Toutes les informations qui suivent proviennent de l'exploitation des comptes rendus des réunions des commissions publiés sur le site du Sénat. Le 1er octobre, sur le papier, il assiste à toute la réunion qui commence à 9 h 30 pour se terminer à 12 h 45. Le 14 octobre, François Baroin assiste à la première séance qui a commencé à 9 h 05, mais à 10 h 25, il n'est déjà plus là, profitant apparemment à ce moment-là d'une interruption de séance d'une minute pour filer à l'anglaise. La même séance se terminera définitivement à 13 h 10. Il a assisté à une heure et demie de séance sur quatre heures au total. Une semaine plus tard, le 21 octobre, rebelote, mais de manière plus floue. Il est présent à l'ouverture de la réunion à 9 heures, mais n'est plus là dès 14 heures, à l'ouverture de la deuxième séance. La réunion se termine à 16 h 40. Il a assisté à 3 des 5 heures de cette réunion.

Le mercredi 4 novembre 2015, c'est pire. Il assiste à la première séance de la commission des Finances à 9 h 08 et s'en va à la première interruption de séance à 12 h 04. La séance reprend sans lui à 14 h 03 pour se terminer à 17 h 57. Il a participé à trois des six heures et demie de cette réunion. Même schéma, le 18 novembre. Le sénateur assiste à la réunion de la commission de 9 h 05 à 12 h 05 et manque la suite de 14 h 30 à 17 h 55. Le mercredi 2 décembre 2015 est la seule réunion de la commission où François Baroin prend la parole, cette fois pendant deux minutes en tant que rapporteur spécial du Budget de la culture. Et la réunion est close vingt-trois minutes plus tard. Enfin, le 9 décembre, il participe à la première séance de la réunion de 9 h 30 à midi, mais restera invisible à la deuxième de 15 heures à 16 h 55. Bravo l'artiste et chapeau pour un ancien ministre du Budget en roue libre à la commission des Finances ! Mais le sénateur François Baroin n'est pas le seul à jouer la fille de l'air dans les réunions de commission. Cela dit, c'est un sport qui ne peut être pratiqué que par des sénateurs au relationnel plus qu'important. Les anciens ministres y excellent presque tous…

IV

Sous le sceau du secret

Conscient qu'après avoir été entouré de prestige, le mot ne sonnait pas bien, le président Gérard Larcher avait autrefois essayé de remplacer l'appellation « dignitaire » par celle d'« autorité ». Pourquoi pas ? Dans la pratique, les « autorités » avaient bien peu d'autorité réelle : l'idée n'a pas eu de suite, le mot s'est évanoui… Les « dignitaires » demeurent près d'une cinquantaine, soit un pourcentage de 14 % des sénateurs. Ces différents personnages élus – ou réélus – après chaque renouvellement partiel de la Haute Assemblée, remplissent un certain nombre de fonctions pour faire tourner la maison, et à ce titre bénéficient – on l'a vu – d'indemnités de fonction, plus ou moins importantes. Ils jouissent, le cas échéant – ce qui n'est pas du tout immérité –, d'avantages matériels, comme, par exemple, l'usage de bureaux plus confortables que ceux des simples sénateurs, la collaboration de personnel, ou encore l'usage de voitures avec chauffeur. Les présidents de commissions, en particulier, sièges d'une part importante du travail parlementaire, disposent ainsi de bureaux somptueux et de nombreuses équipes de collaborateurs de haute volée. Tout cela est très bien.

La super-retraite du « dignitaire » Michel Charasse

Autre avantage de ces fonctions, autre mystère : leur mission terminée, et leur mandat achevé, les « dignitaires » bénéficient également d'appréciables suppléments de retraites, qui permettent à quelques-uns de toucher chaque mois des pensions astronomiques, parfois bien supérieures aux indemnités d'un sénateur en activité. Le Sénat reste bien un pays de Cocagne pour certains.

La caisse des retraites du Sénat, cet organisme totalement inconnu du grand public, et du reste méconnu des sénateurs eux-mêmes – sauf qu'ils ont entendu dire qu'il était généreux – a été fondé en 1905, avec le souci de mettre à jamais élus et anciens élus de la Haute Assemblée à l'abri des soucis financiers pour leurs vieux jours. Cette caisse de retraite propose les ratios cotisations pensions parmi les plus avantageux de la place, et verse à certains anciens élus, pour des titres divers – mais en particulier pour avoir été à tel ou tel moment de leur existence « dignitaires » du Sénat –, de substantiels suppléments de retraites.

Les raisons qui permettent ces largesses sont simples à comprendre. La caisse de retraite a été, à sa fondation, généreusement dotée en capital et, bien gérée, dispose d'un matelas et de sources de revenus considérables ; de plus, elle sert des pensions à des élus, plus précisément à d'anciens élus, qui ont pour habitude de rester en fonction le plus longtemps possible, et qui ne demandent finalement la liquidation de leur pension qu'à un âge avancé. Quand on est sénateur, on n'est en général pas pressé de partir à la retraite... Donc, la caisse de retraite – dont personne n'a jamais vu les comptes – doit être dans une situation financière brillante. Tant mieux pour elle, et tant mieux pour ceux qui en profitent.

Michel Charasse, par exemple, sénateur socialiste entre 1981 et 2010, ancien secrétaire du bureau et questeur du Sénat, perçoit tous les mois au titre de sa retraite du Sénat, plus de 13 200 euros bruts. Mieux qu'un président de la République à la retraite ! Plus de deux fois l'indemnité de base d'un sénateur en fonction ! Somme rondelette qui, en l'occurrence, vient s'ajouter aux indemnités de membre du Conseil constitutionnel, à la retraite de maire, de conseiller général et de fonctionnaire des impôts. Soit la bagatelle de plus de 25 000 euros bruts mensuels. Cette retraite sénatoriale est obtenue en ajoutant à la retraite « de base », 8 740 euros mensuels bruts (obtenue après trente ans de cotisations), plus de 4 470 euros de « complément » de retraite de « dignitaire », au titre des fonctions de secrétaire du bureau et de questeur du Sénat.

Le plus étonnant est moins le montant babylonien des retraites servies à quelques-uns des anciens sénateurs que la manière, parfaitement opaque, absolument inconnue, dont ces montants sont établis. Qui décide ? Selon quelle logique ? Personne n'en sait rien. Souvent, même les bénéficiaires l'ignorent... À ces limites insondables, le secret est fascinant et ouvre la voie à toutes les suspicions possibles, de magouilles et de tripatouillage...

Une cagnotte d'un milliard d'euros !

Dans *Enquête sur les super-privilégiés de la République*, nous avions publié l'étude du régime de retraite des sénateurs par l'association Sauvegarde Retraites, qui entend promouvoir l'équité entre la retraite des salariés du privé et celle des autres actifs (fonctionnaires, ressortissants des régimes spéciaux...). Ce travail soulignait le « rendement hors norme » du régime du Sénat : compte tenu de l'espérance de vie et de son âge de départ en retraite (67,5 ans), un sénateur « moyen » percevra, avant son décès, 4,90 euros de pension pour chaque euro cotisé pendant sa carrière – contre 1 euro de pension environ pour un salarié du privé et 2 pour un fonctionnaire.

Un ex-sénateur ayant effectué un unique mandat de six ans empoche 1 932 euros de retraite mensuelle bruts. Soit, explique Sauvegarde Retraites, « 30 % de plus que la retraite moyenne d'un salarié du privé après une carrière complète ». Seule condition, presque toujours remplie : avoir cotisé double, comme tout sénateur en a la possibilité pendant ses quinze premières années dans la « maison » (480 euros de cotisation « salariale » par mois). Cette cotisation double est aujourd'hui interdite. La réversion (retraite de veuf et veuve d'élus) est aussi bien plus favorable que dans le régime général Soit un taux de « réversion » de 66 % de la pension d'un sénateur contre 50 % dans la fonction publique et 54 % dans le privé. Enfin, « les plus vernis étaient les sénateurs issus de la fonction publique (39 % de l'Hémicycle) », écrit Sauvegarde Retraites. Ils pouvaient continuer à cotiser 7,85 % du salaire qu'ils auraient touché dans leur administration d'origine, l'État ajoutant 60,14 % comme pour tous ses agents. Au final, ils cumulaient donc retraite pleine de fonctionnaire et retraite de sénateur, sans plafond. Aujourd'hui, c'est également interdit depuis quelques années.

La pension mensuelle moyenne nette de retraite d'un sénateur, hors les 10 % de majorations pour enfants, était en juin 2015 d'environ 4 512 euros. L'âge auquel les sénateurs peuvent prétendre au versement de leur retraite est passé progressivement de 60 ans, pour ceux nés avant 1951, à 62 ans, pour les autres nés à compter de 1955. La durée de la cotisation a été relevée à 41 ans.

Cette apparente générosité n'empêche pas la caisse des sénateurs d'afficher une belle santé financière. Et ce, malgré la mauvaise situation démographique de ses ressortissants : 1,7 pensionné pour 1 cotisant (contre 1 retraité pour 1,4 actif dans le régime général). Par quel miracle ? Un soutien massif des contribuables ? Pas vraiment : la cotisation « employeur », versée par le Sénat, représente

2,4 fois la cotisation « salariale » des sénateurs. C'est plus que dans le privé mais nettement moins que dans la fonction publique ou tout autre régime spécial (pour les députés, le contribuable verse 7 fois plus que les élus eux-mêmes !).

Tout vient du fait, selon Sauvegarde Retraites, que le régime des sénateurs est « remarquablement géré ». Reposant sur la capitalisation collective, solution qui a la faveur de l'association, le régime mène tous les trois ans un audit au cours duquel il actualise ses prévisions et lance des appels d'offres pour sélectionner les gestionnaires de ses fonds. De fil en aiguille, depuis sa naissance en 1905, il a cumulé une « cagnotte » dont la composition n'est pas connue mais qui s'élevait fin 2008 à 575 millions d'euros. Résultat : les seuls intérêts générés par ces placements assurent plus de la moitié des pensions versées chaque année. Une performance telle que – et il s'agit de la seule critique de Sauvegarde Retraites – la part « employeur » devient « non seulement amorale mais inutile. À quoi bon conserver une subvention qui ne fait que grossir des réserves qui augmentent à vue d'œil, d'année en année ? ». Selon les calculs de l'association, placée au taux raisonnable de 4 %, cette cagnotte pourrait atteindre 1 milliard d'euros en 2050… Avec ou sans compléments de retraites, les sénateurs retraités ont de beaux jours devant eux…

Tout est organisé pour qu'on ne sache rien sur les avantages et privilèges en tous genres qui existent au palais du Luxembourg. La majorité n'oublie pas l'opposition. Les élus savent faire profiter les fonctionnaires – qui n'oublient pas, de leur côté, de fermer les yeux des parlementaires en leur permettant de s'octroyer des avantages extravagants. Les « gros » savent que les « petits » pourraient les dénoncer, alors ils leur graissent la patte.

L'encours des prêts du Sénat aux sénateurs et à leurs collaborateurs s'élève à 90 millions d'euros. Où un employeur est-il aussi généreux avec son personnel ? Quel est le rapport de tout cela avec l'intérêt général ? Mystère. Mais, encore une fois, le président Gérard Larcher et son successeur Pierre Bel ont commencé à faire le ménage. Depuis 2013, les sénateurs ne peuvent plus bénéficier de prêts du Sénat, des crédits qui leur avaient été accordés à partir de 1953. Sous réserve de ne pas dépasser une capacité d'endettement de 33 %, les fonctionnaires titulaires peuvent demander à bénéficier de prêts sur vingt-cinq ans jusqu'à 259 000 euros au taux de 2,5 %, ce qui est le prix moyen sur le marché immobilier. On se souvient que sous la présidence de Christian Poncelet en 2008, les sénateurs pouvaient contracter des prêts immobiliers à 0 % sur vingt-cinq ans. Ces crédits ont permis à plusieurs dizaines de sénateurs de province de s'acheter de luxueux appartements dans la capitale, puis de les louer. L'encours de ces cadeaux princiers aux parlementaires atteint encore aujourd'hui 15 millions d'euros à rembourser.

Un budget impénétrable

Sur son site – comme sur ses publications imprimées –, la Haute Assemblée se borne à mettre en ligne une version simplifiée de son budget, qui en montre grandes masses et principales évolutions. Pour l'année 2016, par exemple, on y trouvera ce document. Tout y est. En grandes masses, en gros.

C'est dans les recoins de la version intégrale de ce budget – le diable est dans les détails – qu'apparaissent en effet curiosités et petites informations pittoresques qui amusent journalistes et opinion. Quoi ? Mille choses vénielles, mais révélatrices. Par exemple le budget des carburants. En 2011, le Sénat a dépensé 240 000 euros de carburant. C'est-à-dire que chaque sénateur, à qui sont par ailleurs remboursés avions, trains, taxis, transports en commun en région parisienne, a consommé, du moins a coûté, 689 euros en carburant… On peut en faire du chemin, avec cette quantité d'essence ! Pour aller où ? Faire quoi ? Dans quels véhicules ? Mystère.

Il est vrai que la présentation comptable des recettes et des dépenses du Sénat – comme, du reste, de n'importe quelle collectivité publique –, est complexe, qu'elle n'est pas compréhensible de prime abord, et qu'il faut un minimum de connaissances techniques pour y accéder et y comprendre quoi que ce soit. Mais enfin, ce minimum de connaissances techniques, il ne manque pas de personnes – à l'extérieur du

Sénat – qui les possèdent et qui peuvent en faire un excellent usage, au service du contrôle des pouvoirs par les citoyens.

Rien n'est pire que l'opacité, l'obscurité, l'absence d'information, qui laissent la place aux pires suspicions et aux plus grands doutes.

Les mystères de Pyongyang

Sur l'administration du Sénat, par exemple, on ne savait pas grand-chose. Il fallait s'en tenir aux généralités qu'on trouve partout et qui ne renseignent, à la vérité, sur rien de substantiel. Sur notre demande, les services de la présidence du Sénat nous ont déclaré que le salaire minimum net d'un fonctionnaire de la Haute Assemblée était de 2 467 euros en 2015 contre 2 300 euros en 2008, 7 ans plus tôt. Un traitement très élevé (grâce au système des primes de nuit accordées aux 1 100 et quelque employés du Sénat) par rapport à ceux de la fonction publique pour les mêmes catégories d'emplois. Un revenu qui a aussi été augmenté automatiquement par le relèvement à cinq reprises de la valeur du point d'indice de la fonction publique de 2008 à 2010. C'est le beurre et l'argent du beurre pour les fonctionnaires du Sénat. Ils ont un statut à part beaucoup plus avantageux que celui de la fonction publique, mais à chaque fois que les fonctionnaires obtiennent une augmentation, elle est répercutée discrètement sur leurs collègues du Sénat. Selon nos informations, la rémunération en début de carrière d'un agent au plus bas de l'échelle est au minimum de 3 000 euros bruts par mois pour doubler en fin de carrière. Le fonctionnement de l'administration du Sénat ? On en sait à peu près autant que sur le fonctionnement de la Corée du Nord, malgré la volonté réelle de transparence du président Gérard Larcher. Ventilé en 4 grandes catégories du personnel du Sénat, un curieux et anonyme tableau donne les niveaux de rémunération en euros bruts. Il provient du budget « réel » du Sénat pour 2011. Ces traitements ne semblent pas avoir bougé depuis, puisque le traitement des fonctionnaires a été gelé entre 2010 et 2015[1].

Comme on peut lire, 6 250 euros bruts par mois en fin de carrière, pour un agent d'entretien, c'est alléchant... Autre indication, fournie par le budget du Sénat pour 2016 : au 31 décembre 2014, 1 136 personnes travaillaient au Sénat, 1 060 fonctionnaires et 76 agents contractuels. Le total des traitements, primes et indemnités de tous ces braves gens s'établit, pour 2016, à un peu plus de 93 millions d'euros bruts, soit une moyenne de 82 192 euros par personne. C'est-à-dire une rémunération moyenne de 6 849 euros bruts par mois. Certes, entre 2008 et 2015, la rémunération des fonctionnaires du Sénat a baissé de 7,4 % en euros constants, moins 13,6 % en tenant compte de l'érosion monétaire. Les fonctionnaires de catégorie C, agents d'entretien de l'État, des hôpitaux et des collectivités locales, gagnent 3 fois moins en fin de carrière. Pourtant, nettoyer les couloirs d'un hôpital au milieu du passage incessant des malades, des chariots, des visiteurs, des médecins, des

1. Voir le tableau en annexe 4.

aides-soignantes et des infirmières n'a rien à voir avec le passage d'un aspirateur sur les somptueux tapis du Sénat.

En avril 2014, sous la présidence du socialiste Jean-Pierre Bel, le statut des fonctionnaires de la maison a connu une petite amélioration. D'un trait de plume, les 26 membres du bureau de la Haute Assemblée ont allongé de six ans la durée pendant laquelle un fonctionnaire peut travailler en dehors du Sénat, sans perdre le droit d'y revenir. Portant ainsi ce qu'on appelle la « disponibilité » à dix-huit ans. Un fonctionnaire du Sénat peut désormais aller voir ailleurs pendant dix-huit ans, avant de retrouver le gîte et le couvert. Une vraie bonne maison, le palais du Luxembourg qui a décidé cette mesure uniquement pour faire plaisir à un président « normal » ! En effet, le premier bénéficiaire de cette mesure a été Bernard Rullier, conseiller parlementaire du président de la République François Hollande depuis le 15 mai 2012. Un haut fonctionnaire membre du corps des administrateurs du Sénat, comme Bernard Rullier, explique sous couvert de l'anonymat : « Il aurait été difficile de priver le président de la République d'un de ses conseillers en le rappelant pour une sombre affaire de règlement interne. Et on se voyait mal le radier… »

Le moment venu, Bernard Rullier pourra retrouver le palais du Luxembourg et, avec 2 ou 3 concurrents, se mettre sur les rangs pour obtenir 1 des 2 postes les plus importants de la maison, secrétaire général du Sénat ou secrétaire général de la questure. Il percevra ainsi environ

20 000 euros bruts par mois, ce qui ferait de lui un des fonctionnaires de France et de Navarre les mieux payés, sans compter les grands directeurs de Bercy qui gagnent déjà la même somme, mais en net... Bernard Rullier n'est pas énarque, mais administrateur du Sénat. Nuance.

V

La chambre de la tentation

Après cinquante ans de vie publique, un ancien sénateur corse nonagénaire ironise sur ce qui lui arrive. Adjoint au maire de son village et conseiller général depuis l'âge de 25 ans, parlementaire, député à plusieurs reprises, deux fois élu sénateur (membre à ce titre de tous les conseils d'administration possibles et imaginables, syndicats intercommunaux, communautés d'agglomération, conseils et comités divers), cet ancien avocat paie un parcmètre pour la première fois de sa vie. À Ajaccio, il a dû garer son véhicule sur la voie publique et payer, comme n'importe quel citoyen, son obole au conseil municipal. « *Sic transit gloria mundi* », commente-t-il non sans humour… Parlementaire jusqu'en 2014, il se garait le plus naturellement du monde dans la cour de la préfecture, et si d'aventure, pour Dieu sait quelle entorse au Code de la route, il écopait d'une amende, il ne lui était pas difficile d'aller pleurnicher à la bonne adresse, et de faire sauter le désagréable procès-verbal. Aujourd'hui, il ne sait même pas comment mettre une pièce dans l'horodateur et doit, pour ce faire, s'adresser à un passant.

Cette insignifiante piécette glissée dans la fente d'un horodateur illustre cette notion insoupçonnée de beaucoup de professionnels de la politique : ces martiens vivent dans un monde privilégié, une espèce de ghetto doré, et sont coupés du reste de la population… Ils n'ont pas la moindre idée de la plupart des obligations ordinaires du commun des mortels. Leur seule obsession : être réélu. Quant aux sénateurs, pour ne parler que d'eux, ils bénéficient pourtant d'une confortable retraite qui leur laisse quelques picaillons pour alimenter les parcmètres…

Le Sénat à table

Il n'est pas besoin d'attendre la retraite, si on est sénateur, pour avoir une idée de la douceur de vivre. Christian Millau s'en réjouit :

> Certains soutiennent que le Sénat ne sert à rien. Je m'inscris en faux. Le restaurant qui ouvre ses fenêtres sur le jardin est épatant. On y mange bien pour pas trop cher et la carte des vins est très sympathique : à tour de rôle, en effet, les sénateurs proposent un ou plusieurs bons crus de leur région qui sont souvent de vraies bonnes découvertes[1].

La carte des vins est en effet un des « must » du restaurant du Sénat : une vingtaine de sénateurs de tous bords y proposent leur vin (rouge, blanc ou rosé), à des prix allant

1. *Journal d'un mauvais Français*, Le Rocher, 2012.

de 22 à 89 euros. Il peut s'agir – c'est le cas général – de produits de leur région, souvent de coups de cœur, voire de leur production personnelle. C'est ainsi que Gérard César, sénateur LR de Gironde, président du groupe d'études *Vigne et vin* du Sénat, grand défenseur de cette corporation devant l'Éternel – et devant ses confrères –, propose aux clients du restaurant le Château Haut-Mazières, bordeaux supérieur issu pour partie de sa propriété viticole, dans l'Entre-deux-mers (26 euros la bouteille pour le millésime 2011). Plaisant !

Pour s'accorder avec ces sympathiques flacons, le contenu des assiettes ne manque pas non plus d'intérêt. La maison est tenue par l'excellent Jean-Christophe Trubert, longtemps responsable du restaurant *Chez Françoise*, sous l'esplanade des Invalides, de fait une des adresses habituellement fréquentées par les membres de l'Assemblée nationale. Ce dernier commente :

> J'avais déjà la chance d'avoir un contact avec une clientèle de femmes et d'hommes politiques, ce restaurant étant situé à proximité de l'Assemblée nationale, du quai d'Orsay et de différents ministères.

L'homme de l'art confie apprécier « être au service » des élus de la République qui constituent pour lui « une clientèle idéale[2] ». Ce sont des « gastronomes qui connaissent bien les

2. Voir Mathieu Macé, « Le Putangeois Jean-Christophe Trubert régale les sénateurs », *L'Orne combattante*, 19 juillet 2015.

produits français car ils sont issus des régions. Quel territoire n'a pas son fromage ? Son plat typique ? » Le restaurateur poursuit :

> Au total, 222 000 couverts par an, jusqu'à 1 400 ou 1 500 les jours de pointe, 45 collaborateurs, pour une cuisine traditionnelle française avec des produits frais et de saison en arrivage journalier, et, par la force des choses, un maximum de produits *made in* France[3].

Quelques « menus du sénateur » font frétiller les papilles, comme ce bel ensemble orienté vers la mer, par exemple :
– la langoustine (ravioles d'oignons nouveaux à la coriandre, langoustines rôties au curry et chorizo) ;
– la sole (filets de sole de petits bateaux glacés au sabayon, caviar Osciètre, pommes écrasées à la ciboulette) ;
– le fromage (fromages affinés par Marie Quatrehomme, Meilleur Ouvrier fromager 2000) ;
– la noix de coco (blanc-manger à la noix de coco, gelée de gariguette).

Le prix, enfin, n'est pas un des moindres intérêts de la maison : si les invités doivent une trentaine d'euros pour ces régals, les sénateurs ne payent que 16,45 euros. Un des meilleurs rapports qualité-prix de toute l'Île-de-France ! Il est vrai que le restaurant reçoit une subvention de 800 000 euros par an. Bon appétit !

---

3. *Ibid.*

Le personnel accueille chaque sénateur par son nom. C'est leur cantine parisienne, surtout le mardi, mercredi et jeudi midi. Le maître des lieux confie :

> On arrive à connaître les goûts de chacun, les préférences en termes de produits, la rapidité à laquelle chacun veut déjeuner... pour assurer le meilleur service possible. Il y a vraiment des rapports humains de qualité entre le personnel dans son ensemble et les clients. Ce qui évite les erreurs de placement, le restaurant étant réparti entre sept salles et salons différents, tous ouverts sur le jardin du Luxembourg. Il faut veiller à ne pas faire d'impairs, surtout lors des sessions parlementaires. Les sénateurs ont besoin d'échanger entre eux, dans ces moments. Mais il nous arrive parfois, avec l'accord des personnes, de mélanger les groupes politiques au dîner, qui est peut-être moins informel, de faire ce que j'appelle des salons républicains[4].

Un obscur objet de désir

Élus au suffrage universel indirect, les sénateurs ont, par comparaison avec d'autres élus, un impératif moins grand de choyer leurs électeurs. Beaucoup d'entre eux sont cependant élus locaux, et, à ce titre, tiennent à cajoler ceux dont ils tirent leur mandat. De plus, ils ne sont pas mécontents de se présenter de façon valorisante ; le parlementaire élu local a en effet l'habitude de communiquer

4. *Ibid.*

sur deux compartiments : à Paris, il fait savoir qu'il est important dans son département, et chez lui, il s'emploie à faire connaître qu'il est quelqu'un d'important à Paris... À cette fin, ont été inventées les visites du Sénat à l'attention des électeurs-citoyens-administrés. Les jours où la Chambre haute n'est pas en session, ces visites constituent une des grandes activités de la vie du palais du Luxembourg et de ses abords.

De tous les départements de France et de Navarre, la plupart de ces conseillers municipaux arrivent le plus souvent en bus. Sitôt déposé rue de Vaugirard, chacun est équipé d'un petit badge autocollant, pastille de couleur apposée au revers des vestes, sur les manteaux, les sacs à main. Il ne faudrait pas que des intrus s'immiscent dans ces visites privilégiées. Et il ne faudrait pas non plus qu'au cours de la visite, les invités de départements différents se mélangent. Il y a des groupes bleus, des grappes vertes, des troupeaux rouges, etc. Chacun conduit par un cicérone volubile, guide de tourisme ou sénateur en personne. Les citoyens émerveillés arpentent les locaux vénérables, foulent les épais tapis, s'extasient. C'est splendide !

L'expression est vraiment juste. La Chambre haute mérite cette appellation. Tout y est hors norme, caricatural, démesuré. Épaisseur des tapis, hauteur des plafonds, stucs et tentures, ors, peintures, monogrammes – royaux, impériaux, républicains, on ne sait plus –, décors perchés à plusieurs mètres du sol. Hautes fenêtres qui donnent des aperçus sur les jardins alentour. Tout – huissiers excessivement polis, accoutrés de manière anachronique, marbres, escaliers gigantesques, gardes républicains pareils à des soldats de plomb, tout, boiseries, bruit, silence, etc. – tout évoque un monde hors du temps, opulent, pompeux, solennel, confortable, douillet, facile. La ville, le monde ordinaire, vulgaire semblent loin, sur une autre planète. Rien ne filtre de l'extérieur, ni son offensant, ni le moindre soupçon de modernité. Les téléphones mobiles que quelques-uns se collent à l'oreille – spectacle parfaitement ordinaire partout dans le monde – semblent ici incongrus. Le Sénat est vraiment hors du monde.

Les cicérones conduisent leurs groupes dans le palais. On leur fait traverser la cour de Marie de Médicis, on les fait grimper par le monumental escalier d'honneur, on leur montre les lieux du pouvoir, là où passent ministres et parlementaires, là où se décide le sort de la France. On leur montre la salle des conférences. « 57 mètres de long, commente le cicérone, 10,60 mètres de large, 11,60 mètres de haut, 15 mètres sous la coupole. »

Qui ne serait pas ébloui ? Qui n'admirerait pas, en face de la cheminée, le trône occupé par Napoléon Ier quand il assistait aux séances du Sénat conservateur ? Les commentaires admiratifs s'emballent. Ici et là, quelques septuagénaires lisent leur journal : ce sont des sénateurs qui ne peuvent s'empêcher, même s'il n'y a pas de séance, de venir faire un tour. C'est si beau, si douillet…

Aux visiteurs, on laisse entrevoir l'Hémicycle, avec des commentaires sur le rituel. On explique où siège l'opposition, où s'assied la majorité, à quoi servent les sièges de « Mesdames et Messieurs les membres du gouvernement ». Les visiteurs sont émus de pénétrer au cœur de lieux aussi solennels, dans l'intimité du pouvoir, le saint des saints.

On leur montre bibliothèques et salles de lecture. « Vous avez déjà vu ces endroits, à la télévision, explique le cicérone, dans l'émission *Bibliothèque Médicis*... » Partout du marbre, des boiseries, des tapis éblouissants, des décors pompeux et confortables. Plus loin, au hasard de la promenade, à travers les fenêtres, les bassins du jardin du Luxembourg...

Enfin, apothéose de la visite, les électeurs-citoyens-administrés sont invités, à la buvette, à boire un coup avec leur élu, qui plaisante, appelle chacun par son prénom ou son titre, fait des bons mots, lève son verre, se fait féliciter, interroger, salue ostensiblement ses collègues élus d'autres régions, surtout s'il s'agit d'hommes politiques célèbres, apostrophe amicalement un ministre ; il faut montrer qu'il est là chez lui, qu'il est quelqu'un d'important. Les administrés sont éblouis. « Vous mettrez cela sur mon compte, lance l'élu à la cantonade. »

On se reverra ce soir, pour un dîner en ville. Le cicérone reconduit son groupe jusqu'à la porte du palais, où le bus l'attend dans un autre monde, bruyant, vulgaire, ordinaire.

Délices horticoles

Mutatis mutandis, les serres du Sénat sont à l'univers des jardins d'agrément ce que le palais du Luxembourg est au monde des bureaux : une espèce d'idéal, de perfection. Deux raisons expliquent qu'elles ne soient pas montrées à l'occasion des visites rituelles du palais. Il s'agit d'abord d'endroits confinés, dont la visite gêne ceux qui y travaillent (cela pour les serres de Paris) ; ensuite parce que certaines de ces serres ne sont pas à Paris, mais à Longpont-sur-Orge, dans l'Essonne, bien loin du palais et du jardin du Luxembourg.

Depuis 1879, administrées et gérées par le Sénat, les serres de Paris sont un lieu de production de plantes pour l'embellissement du palais et du jardin. Le Luxembourg, à en croire Charles Péguy, abrite « les plus belles fleurs du monde dans le plus beau jardin du monde » : c'est là, dans les serres, que ces fleurs sont produites. On y trouve effectivement d'admirables collections végétales, en particulier plusieurs centaines d'espèces d'orchidées, réparties en 7 « chapelles » reproduisant les différents climats des régions d'origine des végétaux. Ces orchidées constituent probablement la plus importante collection du genre en France, reconnue « collection nationale » par le Conservatoire des collections végétales spécialisées (CCVS). Ce patrimoine prestigieux entretenu depuis le milieu du XIXᵉ siècle se visite – ce qu'ignorent sans doute la plupart des sénateurs… – au moins une fois par an, en septembre, lors des journées européennes du Patrimoine. Cela vaut les plus beaux musées de la capitale.

Les serres de Longpont-sur-Orge n'ont pas la dimension patrimoniale et prestigieuse des serres du Luxembourg. Elles se visitent néanmoins, et sont intéressantes parce qu'elles montrent en quelque sorte l'arrière-boutique du jardin du Luxembourg, tout ce qu'il y a derrière les beaux parterres et allées soignées. Une véritable usine, et des conditions de travail aussi avantageuses que celles qui prévalent entre les murs feutrés du palais. Pour un coût annuel de 12 millions d'euros, environ 80 personnes (le chiffre réel est un secret d'État ; leur coût, en revanche, charges comprises, s'établit en 2016 à 9,6 millions d'euros) bichonnent quelques milliers de plants qui vont réjouir non seulement les occupants du palais du Luxembourg, mais tous les visiteurs et promeneurs du jardin. Comme la démocratie, l'agrément de la vie et le charme des jardins ont un prix…

Mais, dans la campagne longipontaine ou dans les anciennes serres des chartreux, on ne saura rien du salaire d'embauche des jardiniers – on parle de 40 % de mieux que les ordinaires jardiniers municipaux : à quel titre ? –, et on ignorera tout de la prime de bûcheronnage, de celle des risques et intempéries et surtout de la plus étonnante, la prime de nuit pour des gens qui ne travaillent que le jour !

Délices automobiles, ferrés et aériens

Les sénateurs et leurs anciens conservent quelques avantages en matière de transports, mais le président Gérard Larcher a fait encore du ménage... Certes, les ex-sénateurs peuvent bénéficier, à leur demande, du remboursement de la carte senior de la SNCF. Les 113 sénateurs honoraires (membres honoraires du Parlement comptant au moins dix-huit ans de mandat sénatorial) et les 33 membres honoraires du Sénat (comptant quinze ans de mandat parlementaire, dont huit à la Haute Assemblée) ont droit au remboursement annuel de billets de train et d'avion dans la limite de 3 000 euros par an. Dernier petit cadeau aux anciens : dans la limite de 3 passages (aller ou retour), ils peuvent demander, par période de trois ans, le remboursement des frais de voyage entre Paris et leur ancien département d'élection. En dehors de ces quelques voyages, l'honorariat n'est synonyme d'aucune prérogative ou indemnité, aucun avantage ou complément de retraite.

Les sénateurs ont perdu quelques privilèges en matière de transport. À l'initiative du président Gérard Larcher et du bureau du Sénat, ils ne peuvent plus voyager sur les avions de ligne en 1re classe, depuis 2009. Les règles sont dorénavant clairement établies. Quelle que soit sa fonction (même pour le président du Sénat), un simple sénateur ou un « dignitaire », en mission parlementaire, voyage en classe économique pour les vols courts et moyen-courriers (moins de cinq heures de vol) et en affaires pour les vols long-courriers (plus de cinq heures). Le pauvre Jean-Pierre Raffarin n'a plus droit à la 1re classe ! Quant aux déplacements des groupes d'amitié, le Sénat demande une participation de 25 % aux sénateurs pour les frais de transport et de séjour.

Enfin, le nombre de voitures de fonction attribuées aux « dignitaires » du Sénat s'élève aujourd'hui à 29 contre 31 en 2008. Trois de ces véhicules sont attribués au président du Sénat et au personnel chargé de sa sécurité, 7 aux 8 vice-présidents, 3 aux 3 questeurs, 6 aux 6 groupes politiques, 9 aux 7 présidents de commission et à leurs 2 rapporteurs généraux, et 1 à l'ancien président du Sénat, Christian Poncelet, en vertu d'une décision prise sous le mandat de celui-ci. Sur décision du président Gérard Larcher et du bureau du Sénat, les anciens présidents de la Haute Assemblée élus depuis le 1er octobre 2008 ne bénéficient plus d'une voiture de fonction avec chauffeur. Ce qui est le cas de l'ancien président socialiste du Sénat, Jean-Pierre Bel. De plus, aucune voiture de fonction avec chauffeur n'a été mise à disposition du groupe écologiste. En effet, selon la réglementation du bureau du Sénat, un groupe politique, et donc son président, ne peuvent pas se voir attribuer ce privilège s'ils ont moins de 15 membres. C'est donc le groupe politique le plus nombreux, Les Républicains, qui s'est vu attribuer une 2e voiture de fonction avec chauffeur.

Le nombre total de voitures de fonction avec chauffeur du parc du Sénat, destiné au transport des sénateurs (y compris les 29 des dignitaires), s'élève à 72 contre 87 en 2008. Toutes de marque française. Leur moyenne d'âge dépasse les sept ans et parmi elles, les grosses cylindrées à moteur V6 (3 ou 3,5 litres) sont au nombre de 28 en 2015 contre 46 en 2008. Les véhicules achetés au cours des dernières années ont des cylindrées moins puissantes, de 1,6 à 2 litres. De plus, 4 Renault Zoe électriques ont été acquises en 2015. Malheureusement, la flotte du Sénat ne dispose pas de scooter ou de vélo pour les sénateurs.

Le plus agréable club à Paris

Le Sénat, avant d'être un organe politique de la Vᵉ République, est un agréable club. Au sens le plus londonien du mot. Protecteur, vraiment *cosy*. De l'avis des connaisseurs, il est l'un des plus confortables de Paris, et l'un des seuls où l'on reçoit une cotisation plutôt que d'en avoir une à acquitter. À la disposition des membres, et à leur usage pour ainsi dire exclusif, il y a notamment, en plus du restaurant, des buvettes (le café y coûte quelques centimes, prix inchangé depuis des années), un bureau de poste (où les sénateurs peuvent expédier leur courrier *gratis pro deo*), un kiosque à journaux, une agence de voyages, un salon de coiffure, une lingerie, une salle de sport, un médecin, une infirmerie, un kinésithérapeute, un labo photo, un atelier d'ébénisterie et, en cas de besoin, un poste souterrain de sécurité. On n'est jamais trop prévenant ! Christian Poncelet, ancien président du Sénat, le reconnaissait : « Nous avons la chance de vivre dans une belle et bonne maison. » Ce que confirme André Vallini, secrétaire d'État, ancien sénateur PS de l'Isère : « Celui qui veut travailler au Sénat peut le faire dans de bonnes conditions. » C'est un euphémisme.

Les sénateurs peuvent se faire inviter aux chasses présidentielles, à Rambouillet ou ailleurs, notamment à Chambord où les traques au gros gibier ont survécu à quelques révolutions, à cinq Républiques et à leur suppression officielle par Nicolas Sarkozy. Et si c'était là que se décidait l'avenir du pays, qu'entre gens de bonne compagnie se définissait la politique de la France ? Là que se tramaient les plus solides accords entre formations politiques ? On raconte qu'au petit matin, en bordure des forêts, s'y rencontrent, en particulier, Gérard Larcher et Claude Bartolone, respectivement présidents du Sénat et de l'Assemblée nationale, deux fines gâchettes.

Autre prolongement de ce club : l'autre bout du monde. Partout où l'on peut aller quand on est par exemple sénateur « représentant les Français établis hors de France » ou membre d'un groupe d'amitié (les 78 groupes d'amitié du Sénat disposant d'un budget d'environ 650 000 euros). Si l'on appartient à la commission des affaires étrangères ou à Dieu sait quelle mission d'investigation dotée d'un budget… Lointaine survivance de l'Empire colonial et de l'Union française, une douzaine de sénateurs représentent les Français établis hors de France. À l'inverse des députés qui, depuis 2012, représentent les Français expatriés, ces sénateurs ne sont pas élus dans une circonscription.

Leur circonscription, c'est le monde. Autant dire que s'ils estiment avoir besoin, pour remplir leur mandat, de courir le monde, ils peuvent passer leur existence à cela, aux frais du Sénat naturellement. Et ils peuvent même, le Sénat étant bonne fille, embarquer leur conjoint pour quelques-unes de ces virées, en faisant valoir que leur existence conjugale pourrait être en péril à cause de leur activité parlementaire, trop fébrile… Tout au plus, suggère-t-on – ou demande-t-on – à l'élu *globe-trotter* d'écourter sa mission, le cas échéant. C'est ainsi, par exemple, qu'au début de 2015 M. X – son nom n'a pas d'intérêt – qui avait prévu un long voyage en Extrême-Orient, et qui avait souhaité se faire accompagner de son épouse, avait, au terme d'un périple de près d'un mois, finalement supprimé l'étape australienne, estimée trop coûteuse. Ce n'est que partie remise. Avec ou sans Mme X ? Chacun des 12 sénateurs représentant les Français de l'étranger ne peut pas faire plus d'un voyage aller-retour à l'étranger par mois.

Les sénateurs membres de groupes d'amitié ont la possibilité, dans ce cadre, de rencontrer leurs homologues d'autres nations et d'étudier tout ce qui leur semble utile pour faciliter les relations entre la France et le pays dont ils sont « amis ». Un des plus pittoresques de ces groupes d'amitié est « France-Vanuatu-Îles du Pacifique », au demeurant régional (c'est-à-dire qu'il ne concerne pas qu'un seul pays) et interparlementaire (qui associe députés et sénateurs). Il est désormais présidé par Mme Catherine Procaccia, sénateur LR du Val-de-Marne. Ce groupe couvre un champ géographique particulièrement étendu, qui comprend de nombreux États insulaires indépendants du Pacifique nord et sud, des îles Pitcairn près de la Polynésie française jusqu'à Palaos à l'est des Philippines, et recouvre trois ensembles distincts :

– la Mélanésie (les « îles noires »), Papouasie-Nouvelle-Guinée, Fidji, Salomon, Vanuatu, etc. : 540 000 km^2 ;

– la Polynésie (les « îles nombreuses »), dont Kiribati, Tonga, etc. : 820 000 km^2 ;

– la Micronésie (les « petites îles »), avec les archipels des États fédérés de Micronésie, les Palaos et les îles Marshall : 3 000 km^2.

Autant dire, si on a du goût pour le tourisme, un territoire vaste, des problèmes nombreux et, avec les dérèglements climatiques, des centres d'intérêt communs qui ne manquent pas. De fait, des sénateurs ont ainsi eu le plaisir, en 2009, d'effectuer un voyage en Papouasie-Nouvelle-Guinée, aux îles Salomon et au Vanuatu, de se rendre l'année suivante à l'île de Guam, dans les États fédérés de Micronésie et aux îles Marshall, de visiter, en juillet 2011, les îles Tonga et les îles Fidji, avant, en septembre 2012, de retourner au Vanuatu (qui n'est qu'à une heure de vol de la Nouvelle-Calédonie, ce qui crée des liens avec la France). Etc. C'est plus amusant que le Danemark. De beaux souvenirs en perspective.

Amour sacré de la famille

Chaque élu au Sénat dispose d'un crédit mensuel d'un peu plus de 7 500 euros pour rémunérer une équipe de collaborateurs, qui peut comprendre, à Paris et dans sa circonscription, un maximum de 5 salariés.

Ces salariés sont les employés du sénateur et n'ont aucun lien formel avec le Sénat. C'est l'élu qui recrute, organise l'activité de ses collaborateurs et qui, dans le respect des règles de droit privé et des règles complémentaires définies par le Sénat, peut résilier leur contrat de travail. Les critères de recrutement sont laissés à la discrétion du sénateur, seul le baccalauréat, ou quinze années d'expérience professionnelle, étant obligatoire. En particulier, un sénateur peut recruter un membre de sa famille – un seul –, conjoint, enfant, ascendant, avec une limitation pour le salaire de ces collaborateurs particuliers, un conjoint ne pouvant recevoir qu'un tiers, au plus, de l'enveloppe du parlementaire, soit 2 500 euros bruts par mois, les autres parents proches pouvant toucher jusqu'à 3 800 euros. Plus une petite bricole supplémentaire par année d'ancienneté.

Le Sénat indique qu'au 1er février 2015, la rémunération mensuelle moyenne brute de base d'un collaborateur employé à temps plein s'élève à 3 114 euros. Un rapide calcul permet de prendre la mesure de la tentation – toute financière – que ces collaborateurs offrent aux sénateurs. Un collaborateur rémunéré de façon moyenne peut donc percevoir un revenu annuel de : 3 114 x 12 = 37 368 euros. Soit, pendant six ans de mandat : 37 368 x 6 = 224 208 euros. Et si le parlementaire accomplit deux mandats, il suffit de doubler cette somme : 448 416 euros. Ainsi de suite. Chacun comprend bien l'intérêt de ne pas laisser perdre ces picaillons, et de les faire tomber dans l'escarcelle de la famille.

Les sénateurs sont donc nombreux à recruter leurs proches. Ce qui – de leur point de vue – est financièrement avantageux, légal, et qui ne manque d'ailleurs pas d'intérêt sur le plan professionnel. Les fonctions de collaborateur parlementaire sont en effet très floues : sous un même vocable, on peut désigner un chef de cabinet, un conseiller technique, un secrétaire, une espèce d'assistante sociale, un super-militant, voire une nounou. Toutes fonctions qui, en toute hypothèse, supposent entre l'élu et son collaborateur, de la confiance : qui mieux qu'un proche est susceptible de créer cette confiance ?

Plusieurs problèmes sont cependant posés. D'abord, l'existence d'emplois fictifs. Car si des proches de l'élu font effectivement équipe avec lui et travaillent d'arrache-pied à ses côtés – ce cas est fréquent et ne soulève aucun problème particulier –, on peut penser – ou craindre – qu'un certain nombre de ces collaborateurs « familiaux » ne fichent rien, que ces emplois soient de pure complaisance : c'est à peu près improuvable. Ces collaborateurs fainéants jettent le discrédit sur l'élu, et sur l'institution en général. C'est la raison pour laquelle le Parlement européen, par exemple, proscrit ce type de possibilité.

Au Sénat, à dire vrai, la question – difficilement contrôlable – est du coup très peu contrôlée. Même s'ils sont payés avec de l'argent public, les collaborateurs des sénateurs demeurent des employés de droit privé : nul n'a donc la moindre raison de savoir qui embauche qui, et ce que chaque salarié fait ou ne fait pas au service de son employeur ; cette question les regarde...

Comme on ne connaît pas avec précision le nom des 950 collaborateurs des sénateurs, on ne peut pas dire avec exactitude combien sont des parents des élus. D'abord parce qu'un certain nombre de collaborateurs se dissimulent derrière un autre nom – de jeune fille, pour les épouses, par exemple, ou, au contraire d'épouse, pour les filles d'élus... –, ensuite parce que la pratique des « emplois croisés » n'est pas rare : un sénateur A employant l'épouse de son collègue B, à charge pour B de recruter l'épouse de A. « Passez-moi la rhubarbe, je vous passerai le séné... »

Il y a quelque temps[5], avait été rapporté le curieux fonctionnement d'une permanence commune de trois élus socialistes de Moselle, placée sous le signe de l'entraide familiale. Jean-Marc Todeschini – questeur du Sénat à l'époque –, Gisèle Printz et Jean-Pierre Masseret avaient choisi de faire local commun. Là, on tombait non seulement sur la fille de Jean-Marc Todeschini (salariée

5. *Mediapart*, novembre 2011.

par son père), mais aussi sur le neveu de Gisèle Printz (payé par sa tante) et sur l'épouse de Jean-Pierre Masseret (en contrat avec Mme Printz). Jusqu'aux sénatoriales de septembre 2011, il fallait compter en plus la fille de Jean-Pierre Masseret (embauchée sur l'enveloppe de son père) et sa belle-fille (rémunérée par Jean-Marc Todeschini après l'avoir été par Jean-Pierre Masseret lui-même). En tout : cinq membres de la famille de l'un ou l'autre des sénateurs ! « C'est légal », répondent en chœur les intéressés. Au fil des ans, visiblement, les trois élus se sont réparti les contrats avec habileté, afin de respecter la règle d'un « assistant familial » par sénateur. Mais des opposants locaux, sous couvert d'anonymat, s'offusquent de cette « petite entreprise familiale », aux relents de « népotisme ». Et cela éclaire d'un jour particulier la décision de Jean-Pierre Masseret de maintenir sa candidature, en décembre 2015, au 2e tour des élections régionales, contre les injonctions de son parti qui lui demandait de se retirer pour faire barrage au Front national... Question d'emplois ?

Dans le même ordre d'idées, en 2009, Jean-Pierre Bel, alors président du groupe socialiste, qui deviendra président du Sénat en 2011, avait fait embaucher sa future épouse cubaine, Iriadne Pla Godinez, par son ami Alain Fauconnier, sénateur socialiste de l'Aveyron. La mission a duré six petits mois, et n'a pas coûté grand-chose. La feuille de salaire d'Iriadne Pla Godinez indique 957 euros bruts par mois pour un mi-temps – 731 euros nets –, soit un coût de 1 367 euros mensuels pour le Sénat, charges patronales comprises. Personne n'a conservé un souvenir très précis du travail accompli par la jeune femme... Emploi de complaisance ? Emploi fictif ? Peu importe. L'affaire est dérisoire, aussi bien pour les finances publiques que pour les personnes en cause, plus à plaindre – pour leur absence de scrupule et de morale – qu'à blâmer – pour leur pitoyable cupidité.

Ce qui compte, c'est le principe, l'état d'esprit, ce que des élus peuvent avoir dans la tête, ce qui les anime. On peut certes être élu pour l'intérêt général, sans s'interdire pour autant de penser à ses propres intérêts ; bien sûr. Mais ne pense-t-on pas mieux à l'intérêt général quand on s'oblige à s'interdire tout avantage particulier ?

Considérations de bon sens qui ne suffiront peut-être pas à résister à la tentation et à contrecarrer des décennies de mauvaises habitudes.

Délices de la réserve

Une autre tentation à laquelle chaque élu est exposé est la réserve parlementaire, pratique dont l'origine mérite d'être rappelée. L'article 40 de la Constitution interdit aux parlementaires de proposer une augmentation des dépenses publiques. Dans les années 1970, de façon d'abord informelle, puis systématique, a été imaginé, pour contourner cette interdiction, l'usage de cette « réserve parlementaire ». En gros, le gouvernement délègue au Parlement une enveloppe budgétaire pour aider des collectivités locales, le cas échéant des associations, voire des particuliers.

Derrière ses apparents mérites – elle permet effectivement à des collectivités impécunieuses de faire avancer des petits projets qui sans cela resteraient en carafe –, cette pratique est en soi aberrante, condamnable, catastrophique. Pour la raison simple qu'elle a en réalité pour effet d'affaiblir le rôle essentiel du Parlement – en l'occurrence du Sénat – dans le contrôle du gouvernement. En permettant aux parlementaires – en l'occurrence aux sénateurs – de distribuer des subventions aux collectivités territoriales, on procure certes à chaque élu un petit prestige et on permet la réalisation d'opérations sur le terrain, mais on affaiblit, ce qui est très grave, la possibilité de contrôle du Parlement sur le gouvernement et on concourt, donc, à amoindrir – voire à supprimer – la séparation des pouvoirs, âme du régime parlementaire et un des fondements de la démocratie. Pour rigide et un peu formel qu'il est, l'article 40 de la Constitution qui interdit aux parlementaires de participer à l'augmentation de la dépense publique est en soi très bien inspiré – libre ensuite aux parlementaires, à titre individuel ou en groupe, de peser sur le gouvernement pour en obtenir des décisions qu'ils estiment favorables... Mais il faut répéter que l'existence de la « réserve parlementaire », même technocratiquement rebaptisée « dotation d'action parlementaire » (voir ci-dessous), est par essence néfaste. Du reste, tous les observateurs sensés – y compris les parlementaires – ne parlent absolument pas de réformer cette pratique : ils n'évoquent que sa suppression, pure et simple.

Jusqu'à présent l'usage de cette réserve – ou de cette dotation – était enveloppé du plus grand secret. Qui disposait de combien ? Où allaient les sommes en question ? Selon quels critères l'enveloppe globale était-elle répartie ? Pour quoi faire ? Secret. Les rumeurs les plus fantaisistes – ou les plus fondées – laissaient entendre que quelques-uns, au Sénat – le président, le président de la commission des Finances (Christian Poncelet, puis Philippe Marini), le rapporteur de cette commission et quelques élus particulièrement bien placés –, avaient la haute main sur la manne. Tout était à craindre.

« On » entendait dire, « il » se murmurait que le président avait une somme importante à distribuer, comme le président de la commission des Finances, ou les questeurs… Mais ce n'étaient que bruits et rumeurs, sans aucun chiffre. De temps en temps, on apprenait que tel microprojet local avait bénéficié de l'aide directe d'un sénateur – même si souvent ces versements étaient accompagnés de recommandation de discrétion… À côté de cela, nombreux étaient, paraît-il, les sénateurs à ignorer l'existence de cette possibilité d'aider leurs électeurs. Et beaucoup tombèrent des nues quand on leur apprit, un beau matin, qu'ils pouvaient disposer de ces petites enveloppes. Jusqu'à une époque très récente la « réserve » parlementaire semblait bel et bien le domaine réservé de quelques-uns…

Philippe Marini, ancien sénateur LR de l'Oise avait ainsi fait de multiples cadeaux au village de Centuri, en Haute-Corse, non loin de l'endroit où se dresse son château. Il a débloqué 30 400 euros de sa réserve parlementaire pour financer la rénovation de l'église de Centuri, plus précisément. Gênant, d'autant plus que les travaux n'ont pas été faits ! L'argent du contribuable est-il passé dans l'impôt révolutionnaire ? Une enquête est ouverte à Bastia pour détournements de fonds publics. Elle ne vise pas Philippe Marini, mais l'ancienne municipalité. En février 2015, le sénateur démissionne du Sénat pour se replier sur son mandat de maire de Compiègne. Battu à la présidence du Sénat en octobre 2014 par Larcher, puis à la tête de la commission des Finances, il avait vu ensuite sa réserve parlementaire annuelle dégringoler de 2 millions d'euros à 157 000 euros. Insupportable !

Un vaillant citoyen, Hervé Lebreton, ci-devant professeur de mathématiques, fondateur de l'association Regards citoyens, célèbre pour ses démêlés avec Jérôme Cahuzac, député du Lot, département où il réside, a brandi devant la Justice son droit d'accès aux documents administratifs (reconnu par une loi de 1978) et, à l'été 2013, a obtenu du gouvernement une copie de la liste des subventions distribuées par les 920 parlementaires français en 2011 et 2012. Une première ! Il a exercé une telle pression sur les deux assemblées parlementaires que l'Assemblée nationale, d'un côté, et, depuis 2015, le Sénat, ont décidé de réglementer l'usage de cette pratique. Et, dans un premier temps, de publier chaque année l'usage par chaque élu de cette fameuse « réserve ».

En 2015, le Sénat a proposé une uniformisation des montants : 150 000 euros par élu – quel que soit son statut, les dignitaires n'ayant désormais plus accès à des bonus de réserve parlementaire… –, publicité des sommes, recommandations générales pour un bon usage de ces crédits…

S'il convient, encore une fois, de se fixer l'objectif d'abolir définitivement cette pratique, ces efforts de réglementation – de moralisation – ne sont pas du luxe. Il convient de garder à l'esprit que les sénateurs sont élus par les maires ou par leurs représentants, et qu'une aide apportée à une commune – surtout à une petite commune rurale sans grands moyens – est une aide précieuse, qui peut simplement donner lieu à un renvoi d'ascenseur, un vote. C'est humain.

Le sénateur de la Moselle, François Grosdidier (UMP au moment des faits, en 2009 et 2011) s'était fait critiquer pour avoir subventionné avec son enveloppe sénatoriale sa petite association personnelle, Valeur Écologie… C'est-à-dire que, ne s'estimant sans doute pas assez bien indemnisé pour ses activités parlementaires, il avait trouvé ce subterfuge pour racler quelques fonds de tiroir et améliorer son ordinaire.

Cela étant, gauche et droite semblent bien d'accord pour ne rien toucher à ce dispositif, et si, désormais, les aides accordées dans le cadre de la réserve parlementaire sont publiques, et si la somme globale est équitablement répartie entre les élus, la réserve parlementaire, avec ses tentations, demeure. Quand ce système prendra-t-il fin ?

Conclusion

La vraie fausse transparence, qui masque les privilèges fiscaux des sénateurs et leur absentéisme, paralyse également le travail du Sénat. Pour preuve, les résultats très décevants de la commission d'enquête du Sénat sur le terrorisme islamique, en coutumière compétition avec l'Assemblée nationale. Le Sénat a d'abord eu un coup d'avance en publiant, début avril 2015, le rapport Goulet : *Réseaux djihadistes – Filières « djihadistes » : pour une réponse globale et sans faiblesse.* Mais deux mois plus tard, la commission d'enquête Ciotti de l'Assemblée nationale déposait le sien : *La surveillance des filières et des individus djihadistes.* Presqu'un an après, en juillet 2016, la commission d'enquête Fenech de cette même Assemblée publiait un autre rapport : *Les moyens mis en œuvre par l'État pour lutter contre le terrorisme depuis le 7 janvier 2015.* Le rapport Goulet, fait par le Sénat, avait auditionné une soixantaine de personnes, dont 40 l'ont été à huis clos et sans la moindre publication de compte rendu. À l'inverse, les auditions de ministres et de responsables policiers faites par l'Assemblée ont été ouvertes à la presse. D'où le plus grand succès des rapports des députés.

Personne ne cherche stopper ce gâchis financier et cette compétition stérile entre l'Assemblée et le Sénat !

En Amérique, la puissance et l'efficacité du Congrès en matière d'anti-terrorisme et de contrôle des services secrets reposent sur la convocation des hauts fonctionnaires de l'exécutif en séance publique. Rassemblant pour partie des représentants de la chambre basse (435) et des 100 sénateurs (2 par État), la commission d'enquête du Congrès américain sur les attentats du 11 septembre 2001 (« *National Commission on Terrorist Attacks Upon the United States* ») a ainsi fait témoigner en public et sous serment, de mars 2003 à juin 2004, tous les patrons de l'anti-terrorisme aux États-Unis. George Tenet (directeur de la CIA), John Ashcroft (ministre de la Justice), Colin Powell (secrétaire d'État), Condoleezza Rice (conseillère à la Sécurité nationale) et quantité d'autres responsables majeurs de l'administration ont été entendus en direct sur les chaînes de télévision. Résultat : nombre de patrons des services secrets américains ont été remerciés, les fautes ou erreurs de leurs services mis en évidence et de nouvelles structures anti-terroristes ont été créées depuis, suite aux 16 auditions publiques du Congrès. Dans l'Hexagone, les responsables de l'anti-terrorisme restent intouchables malgré le massacre de *Charlie Hebdo*, la tuerie du Bataclan, les fusillades des terrasses parisiennes et du carnage sur la promenade des Anglais à Nice…

Le Sénat n'a en fait disposé que de 5 mois pour mener l'enquête sur le terrorisme djihadiste, depuis sa prévention jusqu'à sa répression, tant dans l'Hexagone qu'au Moyen-Orient ! Une sorte de vade-mecum de l'anti-terrorisme islamiste. Tandis que chercheurs, policiers, sous-officiers, officiers et analystes des services de renseignement travaillent sur ce sujet difficile depuis des années, redoutant les débuts d'une guerre civile larvée entre communautés dans l'Hexagone. Finalement, ces 21 sénateurs ont rédigé un rapport très consensuel, qui n'apporte pas de réelles innovations dans le cadre d'une vision très institutionnelle de la lutte anti-terroriste. Aucune mesure de prévention efficace pour faire reculer le radicalisme n'est proposée. Sur les 110 mesures proposées par la commission Goulet, la majorité d'entre elles sont évidentes et déjà appliquées ou en passe de l'être. D'autres sont naïves ou irréalistes. Même l'initiatrice et présidente de cette commission d'enquête, Nathalie Goulet, sénatrice UDI de l'Orne et présidente du groupe d'amitié France-Pays du Golfe, n'est pas satisfaite de ses résultats. Interviewée par *Paris Match* neuf jours après le dépôt du rapport le 1er avril 2015, cette vice-présidente de la commission des Affaires étrangères du Sénat mettait le doigt sur la vraie fausse transparence de la Haute Assemblée :

> Je trouve que le rapport est d'une grande faiblesse, je suis extrêmement déçue. Il ne pose aucun problème. Personne n'a osé faire de vagues, de polémiques. Le résultat est lisse. Or l'objectif de ce travail d'enquête était de dégager des solutions pratiques et efficaces, d'aider les familles, de trouver des moyens pour prévenir le départ de ces gamins au djihad. Une des lacunes de ce rapport : il y a peu de solutions pratiques sur la prévention. Tous les amendements que j'ai proposés autour de ce thème ont été refusés... Certes, le constat de la première partie est bien construit, il

> y a beaucoup de dispositions, elles sont intéressantes. Mais ces 110 propositions sont purement techniques, elles ne vont pas régler les problèmes de fonds. [...]
> La commission s'est interdit de débattre sur certaines questions. Comme la mise en place de statistiques ethniques et religieuses. Elle n'aurait pas dû. Nous aurions dû être beaucoup plus prospectifs, plus dérangeants. À défaut d'y répondre, nous aurions dû au moins poser les questions essentielles de ce débat pour l'ouvrir. Peser le pour et le contre.

Si les sénateurs se livrent à une concurrence effrénée avec des députés pour lancer des commissions d'enquête le plus vite possible sur les sujets d'actualité, tous ces parlementaires sont par ailleurs solidaires pour défendre leurs privilèges fiscaux légaux et extravagants. Aucun de ceux rencontrés lors de cette enquête n'a accepté de s'exprimer sur le sujet. C'est l'omerta totale. Tant à gauche de l'échiquier politique, même chez les écologistes et les communistes, qu'à droite et au Front national, personne n'accepte la discussion. Interrogés, quantité de simples sénateurs et de dignitaires restent dans une ignorance feinte ou simulée face à la non-fiscalisation de leurs indemnités de fonction. Une fois à la retraite, leur mémoire semble systématiquement flancher. Ainsi, l'ancien vice-président du Sénat (de 1995 à 2001) et président de la commission de la Culture (de 2001 à 2008), Jacques Valade, âgé de 85 ans aujourd'hui, admet du bout des lèvres qu'il touche une pension du Sénat de l'ordre de 10 000 € brut mensuel.

Questionné sur l'écart entre le montant de la retraite brute mensuelle de Michel Charasse (13 210 €) et la sienne (10 000 €), cet ancien président de la région Aquitaine et du département de la Gironde ne se l'explique pas. Pourtant, l'ancien fidèle de François Mitterrand a été dignitaire (secrétaire du bureau et questeur) pendant six ans seulement contre quinze années pour l'ancien ministre Jacques Valade. Cet ancien bras droit de Jacques Chaban-Delmas à la mairie de Bordeaux préfère se dérober : « Vous savez, je ne sais pas comment l'administration du Sénat calcule les retraites des dignitaires. Je fais confiance à ces administrateurs qui m'ont donné une retraite un peu moins importante que celle de Michel Charasse[1]. » Circulez, il n'y a rien à voir. Dans la bouche de cet ancien sénateur (1980-2008) qui, aujourd'hui, n'a de comptes à rendre à personne, l'omerta sur les revenus au *black* des dignitaires et simple sénateurs apparaît d'autant plus incroyable. Mais on ne parle pas de ces choses-là, Monsieur… Ces privilèges fiscaux éhontés ne peuvent être maintenus que dans l'opacité. Si la transparence progresse, ces avantages injustifiables seront peu à peu supprimés. C'est la raison d'être de cet ouvrage.

En décidant en 2014 de publier la liste des super-indemnités de fonction liées à chaque titre de dignitaire, le président Gérard Larcher a donné un petit coup de pouce à la transparence au Sénat. Mais ce n'est pas encore aujourd'hui que le même Gérard Larcher et les 44 autres dignitaires voteront une loi pour être imposés sur la totalité de leur

1. Entretien avec l'auteur le 31 août 2015.

revenu de parlementaire. Ce n'est pas non plus aujourd'hui que les sénateurs voteront une loi et une nouvelle réglementation du bureau du Sénat pour faire disparaître l'Irfm et la remplacer par une indemnité de frais justifiée par des factures, comme le fait n'importe quel salarié français.

La même opacité et le même manque de volonté politique verrouillent la question de l'absentéisme des sénateurs et surtout le système de triche organisé par certains, à partir d'*excuses*, qui en découle. Certes, pour la première fois dans l'histoire de l'institution, le président Gérard Larcher a mis en application des sanctions financières pour frapper les sénateurs flemmards ou les cumulards complètement débordés. Histoire de leur faire entendre pour de bon que le travail au Sénat implique une présence à Paris le mardi, mercredi et jeudi. Le parlementaire dispose des autres jours pour se consacrer aux autres mandats et à sa famille. Ce qui n'est pas une mission impossible. Mais comme on l'a vu, les sanctions pour absentéisme restent financièrement ridicules et surtout confidentielles. Et pas question de jeter en pâture aux journalistes les noms des sanctionnés, alors que cette médiatisation reste la mesure la plus dissuasive.

Les résultats de ces premières sanctions financières ont été annoncés par Gérard Larcher lors d'une conférence de presse, le 13 janvier 2016. Le président du Sénat a alors déclaré que 14 sénateurs avaient été sanctionnés pour la période du dernier trimestre 2015. Depuis, c'est silence radio. Aucune statistique n'a été publiée sur la seconde vague de retenues financières décidée à l'encontre de sénateurs pour la période du premier trimestre 2016. L'explication est toute simple : le nombre des parlementaires sanctionnés a certes diminué, mais pas parmi les 19 sénateurs ultramarins, les 3 mêmes ont subi des retenues financières au premier trimestre 2016. Cette baisse de l'absentéisme des sénateurs de l'Hexagone a provoqué une montée en flèche des sénateurs *excusés* désireux de ne pas être sanctionnés, mais cette discrète augmentation n'apparaît pas du tout dans les statistiques officielles du Sénat et soulève de délicates questions... En effet, la qualité de sénateur *excusé* n'apparaît pas dans les statistiques du Sénat et permet donc de faire baisser artificiellement l'absentéisme de la Haute Assemblée. Tout sénateur excusé est donc considéré comme présent dans les statistiques. Une astuce légale, mais qui, encore une fois, ne témoigne pas d'un réel effort de transparence au palais du Luxembourg.

Parmi les 9 des 14 sanctionnés du dernier trimestre 2015, 6 le sont de nouveau pour le premier trimestre 2016, étant mis à l'amende pour 2 130 euros, soit le montant total de leur retenue trimestrielle sur leurs indemnités[2]. Ainsi, le nombre des sanctionnés a été divisé par 2 entre fin 2015 et début 2016, passant de 14 à 7. La première explication est celle-ci : chaque sénateur est doté d'une sorte de parachute

2. Nous avons identifié une autre personne sanctionnée pour ces trois premiers mois de l'année en cours. Cette sénateur-maire d'une grande ville du Sud-Est de la France n'a pas répondu à nos questions. Comme les tableaux d'activité des sénateurs peuvent omettre de préciser la qualité d'*excusé* de certains parlementaires, nous ne donnerons pas l'identité de cette septuagénaire.

de secours grâce au fameux article 23 bis. Sa présence ne doit pas descendre en dessous de 4 à 5 journées par mois. Il suffit par exemple d'assister pendant une heure et demie à 6 séances de question orale d'actualité au gouvernement et le tour est joué ! Même topo pour 5 séances de mercredi des commissions permanente et 2 séances de votes solennels. C'est une simple question d'agenda que les sénateurs maîtrisent aujourd'hui très bien… La deuxième explication se trouve dans les *excuses*. Certains des 7 sanctionnés ont fait des demandes pour être *excusés*, mais sans succès. Il s'agit de Didier Robert (LR-La Réunion), Hilarion Vendégou (LR-Nouvelle-Calédonie), Pierre Frogier (LR-Nouvelle-Calédonie), Joseph Castelli (RDSE-Haute-Corse), Stéphane Ravier (FN-Bouches-du-Rhône) et David Rachline (FN-Var). À l'inverse, 3 autres parlementaires ont revêtu le costume de sénateur « exemplaire » et n'ont pas eu recours à la moindre demande d'*excuse*. À savoir Hubert Falco (LR-Var), Serge Dassault (LR-Essonne) et Jean-Pierre Masseret (PS-Moselle). Enfin, 4 autres sénateurs ne sont plus sanctionnés au premier trimestre 2016, mais uniquement grâce à une véritable avalanche de demandes d'*excuses* allant jusqu'à 15 jours ou 3 semaines : Gérard Collomb (PS-Rhône), Robert Laufoaulu (LR-Wallis-et-Futuna), Thani Mohamed Soilihi (PS-Mayotte) et le secrétaire du bureau du Sénat, Bruno Gilles (LR-Bouches-du-Rhône).

Au palais du Luxembourg, tout le monde parle de l'irrésistible ascension de cette nouvelle espèce de sénateurs, les *excusés*, mais à l'extérieur, motus et bouche cousue. L'esprit de corps prend le dessus sur la transparence… La montée en puissance des *excusés* se traduit par des chiffres qui restent soigneusement occultés. Mais les comptes rendus des réunions du mercredi des 7 commissions permanentes conservent une trace accessible au citoyen. Mentionnant les sénateurs « présents », « excusés » et la catégorie un peu mystérieuse « ont délégué leur vote », ces relevés sont consultables sur le site du *Journal officiel* qui les publie au lendemain ou dans les jours suivant les réunions du mercredi. D'autre part, le tableau mensuel d'activités de chaque parlementaire de la Haute Assemblée est censé donner les mêmes informations pour chaque mercredi en session. Au vu de ces deux sources d'information, ces chiffres de sénateurs *excusés* apparaissent souvent contradictoires (comme on l'a constaté plus haut), voire suspects, mais ce sont les seuls disponibles.

Au premier trimestre 2016, le nombre total de sénateurs *excusés* s'élevait à 176 pour 70 réunions du mercredi des 7 commissions permanentes contre 147 *excusés* pour le dernier trimestre 2015. Un seul exemple permet de prendre la mesure de ce phénomène. La commission la plus laxiste en matière d'absentéisme, celle des Affaires étrangères, a vu le nombre de ses *excusés* bondir de 31 au dernier trimestre 2015 à 41 pour les trois premiers mois de 2016. Nous avons contacté par courrier électronique, lettre ou téléphone environ 40 sénateurs. Moins d'une dizaine d'entre eux ont pris le temps de nous répondre et aucun n'a abordé les conditions d'acceptation des *excuses* par le secrétariat général du Sénat et la questure. Sauf Jean-Marie Bockel, sénateur UDI du Haut-Rhin et président de la Communauté d'agglomération de Mulhouse, qui a involontairement mis les pieds dans le plat… Dans son courrier électronique du 29 avril, il répond à notre question sur le pourquoi de sa demande d'*excuse* acceptée à deux dates. « Je l'ai fait par principe et correction, souligne-t-il, étant en déplacement en Éthiopie le 14 octobre 2015 dans le cadre du groupe d'amitié France-Pays de la Corne de l'Afrique et le 28 octobre pour assister à la réunion de Trans.Cité (réseau Transdev) au titre de ma présidence de l'agglomération de Mulhouse. »

Impossible de retrouver ces deux excuses sur son tableau mensuel d'activités qui n'a jamais été mis en ligne comme tous ceux des 348 sénateurs pour le mois d'octobre 2015 ! Sans la moindre explication… Deux *excuses* qui lui ont peut-être été accordées pour des raisons qui n'ont rien à voir avec son mandat de parlementaire. La première dans le cadre d'un groupe d'amitié et la seconde étant liée à son mandat de président d'exécutif local à Mulhouse. Or, la réglementation sur les retenues financières votée, le 13 mai 2015, par la Haute Assemblée spécifie expressément qu'une demande d'*excuse* ne peut pas être accordée à un parlementaire pour une activité non directement liée à son mandat de sénateur. En effet, l'alinéa 9 du nouvel article 23 bis précise que « ne sont pas prises en compte les absences aux votes, réunions et séances susmentionnés lorsqu'elles sont justifiées par la participation d'un sénateur aux travaux d'une assemblée internationale en vertu d'une désignation faite par le Sénat ou à une mission outre-mer ou à l'étranger au nom de la commission permanente dont il est membre ». L'alinéa 10 du nouvel article 23 bis prévoit que « les retenues prévues aux alinéas 7 et 8 ne s'appliquent pas lorsque les absences résultent d'une maternité ou d'une longue maladie ».

Mais le diable est dans les détails... En effet, la loi organique liée à l'article 27 de la Constitution de 1958 prévoit qu'un sénateur *excusé* (comme un député) peut être considéré comme présent, dans certaines conditions, s'il confie une délégation de vote à l'un de ses collègues. À ce sujet, le Conseil constitutionnel précise : « Un sénateur votant par délégation ne saurait être regardé comme absent lors d'un vote ; que cette réserve ne vaut pas pour les explications de vote. » Et le Conseil constitutionnel de valider les deux conditions principales et évidentes, où le régime d'*excusé* (qui exclut toute retenue financière) peut s'appliquer : « 1. Maladie, accident ou événement familial grave empêchant le parlementaire de se déplacer ; 2. Cas de force majeure appréciés par décision des bureaux des assemblées. » Sans une volonté affirmée d'un contrôle réel de ces deux possibilités d'empêchement, le régime des excuses devient un véritable système. Le Conseil constitutionnel a très largement sous estimé le problème...

Ainsi, la montée en puissance des sénateurs *excusés* traduit sans nul doute une recrudescence des certificats médicaux de complaisance et des cas de force majeure très difficiles à vérifier en quelques heures seulement. L'enfer est pavé de bonnes intentions... Le président Gérard Larcher a certes amélioré la présence globale des sénateurs au palais du Luxembourg, en instituant des sanctions *a minima* contre les paresseux, coquins, distraits et cumulards vraiment débordés, mais une certitude demeure : tous ces derniers ont trouvé trois parades légales et infaillibles aux sanctions financières. La première témoigne d'un immense culot. Ce type de personnage, qui en impose aux employés du Sénat chargé de comptabiliser les présences, a le toupet d'arriver en commission permanente du mercredi, avant d'en repartir quelques dizaines de minutes plus tard. L'indélicat est légalement compté présent. La deuxième parade se fonde bien entendu sur la qualité d'*excusé* qui permet à un sénateur décidé et sûr de son relationnel politique d'échapper à une sanction financière grâce à des prétextes complètement bidon. À l'automne 2015, nombre de sénateurs *excusés* ont utilisé ce subterfuge pour participer à la campagne électorale des régionales. Personne n'était dupe au palais du Luxembourg. En dehors des efforts du président du Sénat, la loi interdisant le cumul des mandats (parlementaire-patron d'exécutif local) devrait permettre de faire le ménage parmi ces brebis galeuses politiquement intouchables, aussi bien à gauche qu'à droite. Une réforme qui sera appliquée à partir d'avril 2017 et qui devrait constituer une vraie chance pour le Sénat… Et la troisième parade se cache derrière des tricheries liées aux excuses, tricheries difficiles à enrayer, car basées sur de faux documents et des assertions invérifiables : les fameux cas de force majeure.

Si le président du Sénat, Gérard Larcher, son ou ses successeurs ne font pas régner une transparence minimum au Sénat, cette assemblée législative subira le même sort que celui que vient de vivre le Sénat italien, et disparaîtra d'ici une dizaine d'années. Après avoir été approuvée par la Chambre des députés, une réforme sera soumise à référendum à la fin de l'année 2016. Cette réforme fera passer le nombre de sénateurs italiens de 317 à 100, transformant cette Chambre haute en une simple assemblée consultative, sans aucun pouvoir législatif. Le programme de certains des candidats aux prochaines élections présidentielles est déjà menaçant pour le Sénat français. L'ancien président de la République, Nicolas Sarkozy, veut limiter le nombre de sénateurs à 200. L'ancien ministre Arnaud Montebourg, tout comme le président de l'Assemblée nationale, Claude Bartolone, propose de suivre l'exemple italien en faisant du Sénat une assemblée sans aucun pouvoir législatif avec un maximum de 100 membres. Une assemblée purement consultative.

Pour sauver le Sénat, il faut aussi changer le mode d'élection des sénateurs, un système complètement désuet, discrétionnaire et propice à toutes sortes de conflits d'intérêts. Ce manque de transparence de l'élection des sénateurs ne fait que refléter le fonctionnement opaque et « entre soi » de cette assemblée. Les 348 sénateurs français sont élus par 162 000 grands électeurs qui sont à 95 % des conseillers municipaux, principalement dans de petites communes. C'est donc le règne des subventions aux collectivités et associations octroyées par les sénateurs sous le nom de réserve parlementaire. De plus, nombre de sénateurs se cooptent entre eux au sein de chaque département. Ainsi, un président de Conseil départemental est pratiquement assuré de devenir un jour sénateur. Ses grands électeurs, les conseillers municipaux, ont souvent été ses obligés, vivant en partie des subventions du département. Il est temps d'adopter le suffrage universel, comme dans toutes les grandes démocraties occidentales. Et peut-être aussi de choisir une partie de ces sénateurs parmi les électeurs par tirage au sort.

Une centaine de sénateurs, épaulés chacun par une cinquantaine de collaborateurs, sans garde-chiourme pour vérifier leur assiduité, voilà ce qui pourrait constituer un Sénat puissant et efficace, qui améliore le travail de l'Assemblée avec laquelle il travaillerait main dans la main.

Annexes

1.
Les documents graves et contradictoires du Sénat et du *Journal officiel*

Nous avons constaté d'importantes contradictions entre l'indication des sénateurs présents, absents ou excusés, sur les tableaux mensuels d'activités de certains parlementaires, publiés sur le site du Sénat et les mêmes informations livrées par le *Journal officiel*. Voici quelques tableaux et extraits du *JO* qui montrent ces graves incohérences.

1. Premier exemple : le sénateur de La Réunion Didier Robert

Son tableau d'activités (sur le site du Sénat) pour le mois de décembre 2015 indique que ce parlementaire était absent à la réunion de la commission des Affaires sociales du mercredi 9 décembre 2015. Or, le *Journal officiel* du lendemain, le 10 décembre 2015, précise exactement l'inverse. Le 9 décembre 2015, le sénateur Didier Robert était *excusé* pour son absence ! Voici les deux textes contradictoires. La présidence du Sénat explique ces contradictions de la manière suivante : les mentions *excusés* sur les tableaux d'activités correspondent à des *excuses* acceptées par l'institution. En revanche, les mentions *excusés* retranscrites au *Journal officiel* sont des demandes d'*excuses* faites par les présidents de commission à la demande des sénateurs.

Tableau des activités principales de M. Didier Robert

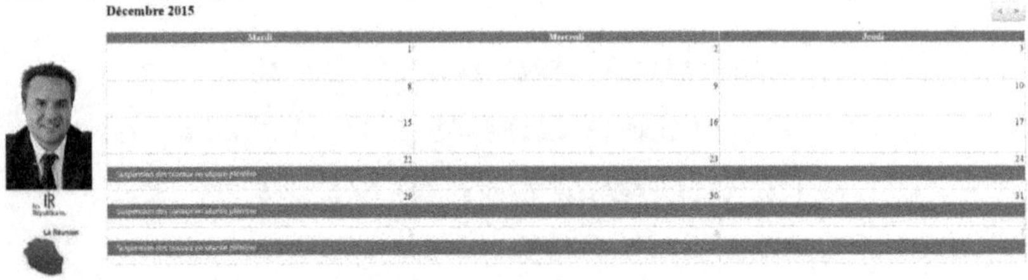

10 décembre 2015 JOURNAL OFFICIEL DE LA RÉPUBLIQUE FRANÇAISE Texte 98 sur 143

Commission des affaires sociales :

Séance du mercredi 9 décembre 2015 :

Présents. – Michel Amiel, Aline Archimbaud, Gilbert Barbier, Nicole Bricq, Olivier Cadic, Jean-Pierre Caffet, Claire-Lise Campion, Agnès Canayer, Jean-Noël Cardoux, Daniel Chasseing, Olivier Cigolotti, Karine Claireaux, Laurence Cohen, Yves Daudigny, Annie David, Isabelle Debré, Gérard Dériot, Catherine Deroche, Jean Desessard, Chantal Deseyne, Élisabeth Doineau, Anne Emery-Dumas, Michel Forissier, François Fortassin, Françoise Gatel, Catherine Génisson, Bruno Gilles, Jean-Pierre Godefroy, Pascale Gruny, Corinne Imbert, Éric Jeansannetas, Georges Labazée, Jean-Baptiste Lemoyne, Michelle Meunier, Brigitte Micouleau, Alain Milon, Patricia Morhet-Richaud, Jean-Marie Morisset, Philippe Mouiller, Louis Pinton, Catherine Procaccia, Stéphanie Riocreux, Gérard Roche, René-Paul Savary, Patricia Schillinger, Jean-Louis Tourenne, Jean-Marie Vanlerenberghe, Dominique Watrin, Evelyne Yonnet.

Excusé. – Didier Robert.

Ont délégué leur droit de vote. – Caroline Cayeux, Jérôme Durain, Corinne Féret, Colette Giudicelli, Didier Robert, Michel Vergoz.

Même bizarrerie au premier trimestre 2016 : le *Journal officiel* indique que le même sénateur Didier Robert était *excusé* pour les réunions de la commission des Affaires sociales des mercredis 20 janvier, 10 février, et 9 mars et qu'il était présent aux réunions du 27 janvier et 23 mars, et qu'il était absent aux réunions du 13 janvier, 17 février et 2 mars. En revanche, selon ses tableaux d'activités mensuels publiés sur le site du Sénat, il a bien assisté aux deux réunions du mercredi de la commission des Affaires sociales, les 23 et 27 janvier, mais était absent aux 7 autres réunions du mercredi de cette commission, tout en ne bénéficiant d'aucune excuse. Qui croire encore ?

2. Le cas du sénateur Jacques Gillot de la Guadeloupe

Le cas du sénateur Jacques Gillot montre exactement l'inverse au dernier trimestre 2015 (et ce n'est pas un gag volontaire). En effet, ce parlementaire est noté *excusé* à certaines dates sur son tableau d'activités publié sur le site du Sénat et absent aux mêmes dates selon le *Journal officiel*.

Le *Journal officiel* et les tableaux d'activités mensuels publiés sur le site du Sénat restent tout de même d'accord sur deux informations à son propos. Il a bien assisté aux séances de la commission des Affaires étrangères des mercredis 7 octobre et 18 novembre 2015 et il a été absent à 6 réunions du mercredi de la même commission aux dates suivantes : 14, 21 et 28 octobre, 4 novembre et le 16 décembre 2015. Après, c'est la bouteille à l'encre pour les dates du 25 novembre et du 9 décembre 2015…

Selon le *Journal officiel* du 26 novembre, le sénateur Jacques Gillot était absent et non *excusé* à la réunion de cette commission du mercredi 25 novembre 2015. Le *Journal officiel* donne trois *excusés* à cette date pour cette commission, à savoir les sénateurs Éliane Giraud, Jean-Pierre Masseret et Raymond Vall, mais pas Jacques Gillot. En revanche, le tableau des activités pour novembre 2015 publié sur le site du Sénat indique qu'il était *excusé* pour la journée du mercredi 25 novembre 2015. Qui croire ?

Même chose pour la journée du 9 décembre 2015. Le *Journal officiel* du 10 décembre 2015 indique que le sénateur Jacques Gillot était absent et non *excusé* pour la séance de commission des Affaires étrangères du mercredi 9 décembre 2015. Le *Journal officiel* donne les noms de deux excusés pour cette réunion à savoir les sénateurs Éliane Giraud et Jean-Pierre Masseret. À l'inverse, le tableau des activités du même Jacques Gillot pour le mois de décembre 2015 et publié sur le site du Sénat indique que ce dernier était *excusé* à cette date du mercredi 9 décembre à la même réunion de cette commission. Qui croire ? Selon la présidence du Sénat, le sénateur Gillot a oublié de faire ses demandes d'*excuses* auprès du président de sa commission avant d'effectuer ces démarches auprès du secrétariat général du Sénat qui les ont acceptées. En revanche, ces différences entre le *Journal officiel* et les tableaux d'activités du sénateur ont totalement disparu au premier trimestre 2016. Explication : le sénateur Jacques Gillot est présent ou absent, mais jamais *excusé*. Le parlementaire n'a pas répondu à mes questions.

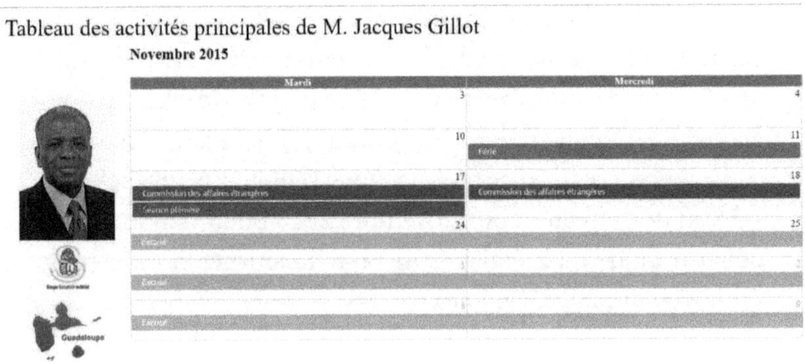

Tableau des activités principales de M. Jacques Gillot

Novembre 2015

Mardi	Mercredi
3	4
10	11 Férié
17 Commission des affaires étrangères Séance plénière	18 Commission des affaires étrangères
24 Excusé	25 Excusé
1 Excusé	2 Excusé
8 Excusé	9 Excusé

26 novembre 2015 JOURNAL OFFICIEL DE LA RÉPUBLIQUE FRANÇAISE Texte 103 sur 128

A délégué son droit de vote : Henri Tandonnet.

Assistait en outre à la séance : Daniel Raoul (commission des finances).

Commission des affaires étrangères, de la défense et des forces armées :

Séance du mercredi 25 novembre 2015 :

Présents : Leila Aïchi, Michel Billout, Jean-Marie Bockel, Michel Boutant, Christian Cambon, Jean-Pierre Cantegrit, Bernard Cazeau, Pierre Charon, Hélène Conway-Mouret, Robert del Picchia, Michelle Demessine, Josette Durrieu, Jean-Paul Emorine, Hubert Falco, Jean-Paul Fournier, Joëlle Garriaud-Maylam, Jacques Gautier, Gaëtan Gorce, Nathalie Goulet, Alain Gournac, Sylvie Goy-Chavent, Jean-Pierre Grand, Joël Guerriau, Claude Haut, Robert Hue, Gisèle Jourda, Christiane Kammermann, Bariza Khiari, Robert Laufoaulu, Jacques Legendre, Jeanny Lorgeoux, Claude Malhuret, Rachel Mazuir, Claude Nougein, Philippe Paul, Marie-Françoise Perol-Dumont, Cédric Perrin, Xavier Pintat, Jean-Vincent Placé, Yves Pozzo di Borgo, Jean-Pierre Raffarin, Henri de Raincourt, Daniel Reiner, Gilbert Roger, André Trillard.

Excusés : Éliane Giraud, Jean-Pierre Masseret, Raymond Vall.

Ont délégué leur droit de vote : Bernard Fournier, Jacques Gillot, Alain Joyandet, Antoine Karam, Christian Namy, Alain Néri.

Tableau des activités principales de M. Jacques Gillot

Décembre 2015

Mardi	Mercredi
1	2
Excusé	
8	9
Excusé	
15	16
22	23
Suspension des travaux en séance plénière	
29	30
Suspension des travaux en séance plénière	
5	6
Suspension des travaux en séance plénière	

Commission des affaires étrangères, de la défense et des forces armées :

1re séance du mercredi 9 décembre 2015 :

Présents. – Leila Aïchi, Michel Billout, Jean-Marie Bockel, Michel Boutant, Christian Cambon, Jean-Pierre Cantegrit, Bernard Cazeau, Pierre Charon, Hélène Conway-Mouret, Robert del Picchia, Michelle Demessine, Josette Durrieu, Jean-Paul Emorine, Bernard Fournier, Jean-Paul Fournier, Joëlle Garriaud-Maylam, Jacques Gautier, Gaëtan Gorce, Nathalie Goulet, Alain Gournac, Sylvie Goy-Chavent, Jean-Pierre Grand, Jean-Noël Guérini, Joël Guerriau, Claude Haut, Robert Hue, Alain Joyandet, Christiane Kammermann, Bariza Khiari, Robert Laufoaulu, Jacques Legendre, Jeanny Lorgeoux, Claude Malhuret, Christian Namy, Alain Néri, Claude Nougein, Philippe Paul, Cédric Perrin, Xavier Pintat, Jean-Vincent Placé, Yves Pozzo di Borgo, Jean-Pierre Raffarin, Henri de Raincourt, Daniel Reiner, Gilbert Roger, André Trillard, Alex Türk, Raymond Vall.

Excusés. – Éliane Giraud, Jean-Pierre Masseret.

A délégué son droit de vote. – Marie-Françoise Perol-Dumont.

2e séance du mercredi 9 décembre 2015 :

Présents. – Michel Billout, Jean-Marie Bockel, Michel Boutant, Christian Cambon, Jean-Pierre Cantegrit, Bernard Cazeau, Pierre Charon, Hélène Conway-Mouret, Robert del Picchia, Michelle Demessine, Josette Durrieu, Bernard Fournier, Jean-Paul Fournier, Jacques Gautier, Gaëtan Gorce, Alain Gournac, Joël Guerriau, Claude Haut, Robert Hue, Christiane Kammermann, Bariza Khiari, Robert Laufoaulu, Jacques Legendre, Jeanny Lorgeoux, Claude Malhuret, Claude Nougein, Philippe Paul, Cédric Perrin, Xavier Pintat, Jean-Vincent Placé, Yves Pozzo di Borgo, Jean-Pierre Raffarin, Henri de Raincourt, Daniel Reiner, Gilbert Roger, André Trillard, Alex Türk.

Excusés. – Éliane Giraud, Nathalie Goulet, Jean-Pierre Masseret.

Ont délégué leur droit de vote. – Antoine Karam, Marie-Françoise Perol-Dumont.

3. Le cas du sénateur de la Moselle Jean-Pierre Masseret

Le sénateur Jean-Pierre Masseret, *excusé* selon le *Journal officiel* à deux dates du dernier trimestre 2015, est absent aux mêmes dates sur ses tableaux d'activités publiés sur le site du Sénat. Pour justifier ces incohérences, la présidence du Sénat redonne l'explication qu'elle avait avancée pour Didier Robert. Dans un cas, il s'agit de demandes d'*excuses* et dans l'autre d'*excuses* acceptées par l'institution.

Selon le *Journal officiel*, il s'était fait *excuser* aux réunions du mercredi de la commission des Affaires étrangères, exactement les 25 novembre et 9 décembre 2015. En revanche, sur le tableau des activités en novembre et décembre 2015 et publié sur le site du Sénat, il est absent à ces deux dates. Qui croire ?

Le problème ne se pose plus au premier trimestre 2016. En effet, le sénateur a assisté aux 11 réunions du mercredi de la commission des Affaires étrangères. Le parlementaire a refusé de répondre à nos questions.

Tableau des activités principales de M. Jean-Pierre Masseret

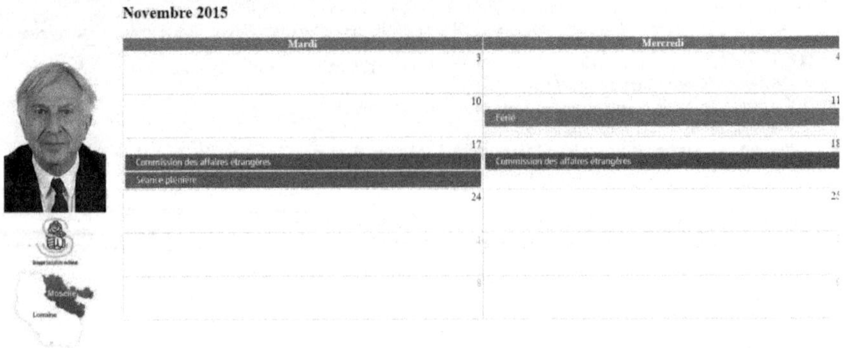

A délégué son droit de vote : Henri Tandonnet.

Assistait en outre à la séance : Daniel Raoul (commission des finances).

Commission des affaires étrangères, de la défense et des forces armées :

Séance du mercredi 25 novembre 2015 :

Présents : Leila Aïchi, Michel Billout, Jean-Marie Bockel, Michel Boutant, Christian Cambon, Jean-Pierre Cantegrit, Bernard Cazeau, Pierre Charon, Hélène Conway-Mouret, Robert del Picchia, Michelle Demessine, Josette Durrieu, Jean-Paul Emorine, Hubert Falco, Jean-Paul Fournier, Joëlle Garriaud-Maylam, Jacques Gautier, Gaëtan Gorce, Nathalie Goulet, Alain Gournac, Sylvie Goy-Chavent, Jean-Pierre Grand, Joël Guerriau, Claude Haut, Robert Hue, Gisèle Jourda, Christiane Kammermann, Bariza Khiari, Robert Laufoaulu, Jacques Legendre, Jeanny Lorgeoux, Claude Malhuret, Rachel Mazuir, Claude Nougein, Philippe Paul, Marie-Françoise Perol-Dumont, Cédric Perrin, Xavier Pintat, Jean-Vincent Placé, Yves Pozzo di Borgo, Jean-Pierre Raffarin, Henri de Raincourt, Daniel Reiner, Gilbert Roger, André Trillard.

Excusés : Éliane Giraud, Jean-Pierre Masseret, Raymond Vall.

Ont délégué leur droit de vote : Bernard Fournier, Jacques Gillot, Alain Joyandet, Antoine Karam, Christian Namy, Alain Néri.

Tableau des activités principales de M. Jean-Pierre Masseret

Décembre 2015

Mardi	Mercredi
1	2
8	9
15 Commission des affaires étrangères Séance plénière	16 Commission des affaires étrangères
22 Suspension des travaux en séance plénière	23 Suspension des travaux en séance plénière
29 Suspension des travaux en séance plénière	30 Suspension des travaux en séance plénière
5 Suspension des travaux en séance plénière	6 Suspension des travaux en séance plénière

Commission des affaires étrangères, de la défense et des forces armées :

1re séance du mercredi 9 décembre 2015 :

Présents. – Leila Aïchi, Michel Billout, Jean-Marie Bockel, Michel Boutant, Christian Cambon, Jean-Pierre Cantegrit, Bernard Cazeau, Pierre Charon, Hélène Conway-Mouret, Robert del Picchia, Michelle Demessine, Josette Durrieu, Jean-Paul Emorine, Bernard Fournier, Jean-Paul Fournier, Joëlle Garriaud-Maylam, Jacques Gautier, Gaëtan Gorce, Nathalie Goulet, Alain Gournac, Sylvie Goy-Chavent, Jean-Pierre Grand, Jean-Noël Guérini, Joël Guerriau, Claude Haut, Robert Hue, Alain Joyandet, Christiane Kammermann, Bariza Khiari, Robert Laufoaulu, Jacques Legendre, Jeanny Lorgeoux, Claude Malhuret, Christian Namy, Alain Néri, Claude Nougein, Philippe Paul, Cédric Perrin, Xavier Pintat, Jean-Vincent Placé, Yves Pozzo di Borgo, Jean-Pierre Raffarin, Henri de Raincourt, Daniel Reiner, Gilbert Roger, André Trillard, Alex Türk, Raymond Vall.

Excusés. – Éliane Giraud, Jean-Pierre Masseret.

A délégué son droit de vote. – Marie-Françoise Perol-Dumont.

2e séance du mercredi 9 décembre 2015 :

Présents. – Michel Billout, Jean-Marie Bockel, Michel Boutant, Christian Cambon, Jean-Pierre Cantegrit, Bernard Cazeau, Pierre Charon, Hélène Conway-Mouret, Robert del Picchia, Michelle Demessine, Josette Durrieu, Bernard Fournier, Jean-Paul Fournier, Jacques Gautier, Gaëtan Gorce, Alain Gournac, Joël Guerriau, Claude Haut, Robert Hue, Christiane Kammermann, Bariza Khiari, Robert Laufoaulu, Jacques Legendre, Jeanny Lorgeoux, Claude Malhuret, Claude Nougein, Philippe Paul, Cédric Perrin, Xavier Pintat, Jean-Vincent Placé, Yves Pozzo di Borgo, Jean-Pierre Raffarin, Henri de Raincourt, Daniel Reiner, Gilbert Roger, André Trillard, Alex Türk.

Excusés. – Éliane Giraud, Nathalie Goulet, Jean-Pierre Masseret.

Ont délégué leur droit de vote. – Antoine Karam, Marie-Françoise Perol-Dumont.

2.
La lettre du sénateur-maire de Toulon, Hubert Falco

RÉPUBLIQUE FRANÇAISE

SÉNAT

Hubert FALCO
Ancien Ministre
Sénateur - Maire de Toulon

REF :HF/VB/ANS
CM_2016_04_11053
CM_2016_04_11088

Toulon, le 18 AVR. 2016

Monsieur Yvan STEFANOVITCH
5, cité du Labyrinthe
75020 PARIS

Cher Monsieur,

J'ai lu avec attention votre courrier électronique du 11 avril dernier concernant mon activité parlementaire des mois d'octobre, de novembre et de décembre 2015.

L'organisation de la semaine sénatoriale repose en principe sur 3 jours afin de nous permettre de participer aux travaux du Sénat mais aussi d'exercer notre mandat sur le terrain dans notre département.

Pour répondre à votre question, j'ai participé à 4 Commissions permanentes des Affaires Etrangères, de la Défense et des Forces Armées sur les 5 convoquées (7 et 14 octobre, 4 et 25 novembre et 9 décembre), à 7 séances de questions d'actualité au Gouvernement sur les 11 prévues (1er, 6, 20, 29 octobre, 3, 12, 17 novembre) et aux 4 votes solennels déterminés par la conférence des Présidents (6 et 13 octobre, 17 novembre et 8 décembre).

Je ne suis donc pas concerné par le dispositif de retenues financières applicables pendant la session ordinaire.

Je vous prie de croire, Cher Monsieur, en l'assurance de ma parfaite considération.

Hubert FALCO

15, RUE DE VAUGIRARD - 75291 PARIS CEDEX 06 - TEL. : 01.42.34.27.26 - FAX : 01.42.34.40.24

3.
La réponse du premier questeur du Sénat, Bernard Saugey

11 mai 2016
Cher Monsieur,

Je vous prie de trouver ci-après les réponses aux cinq questions que vous me posez :

1) A mon poste de Premier Questeur, j'ai bien sûr contribué à l'amélioration de la transparence du Sénat. Voici quelques exemples :

– encadrement très strict de l'usage de l'IRFM interdisant en particulier d'y recourir pour une acquisition immobilière ;

– encadrement de l'attribution de la dotation d'action parlementaire avec le renforcement de la publicité de sa répartition ;

– obligation pour les groupes politiques de se constituer en association dont les comptes sont publiés sur le site internet du Sénat ;

– accroissement de la transparence de la gestion financière du Sénat rendue plus lisible par une mise en perspective pluriannuelle.

2) La pérennité du Sénat passe par l'amélioration de la transparence de l'institution, mais pas seulement. Le Sénat doit participer à l'amélioration de la loi et au contrôle du gouvernement. Le dernier exemple important réside dans la loi contre le crime organisé et le terrorisme : dans la PPL de

Michel MERCIER et Philippe BAS, il y a quatre mesures phare proposées par le Sénat et retenues par l'Assemblée nationale.

3) En ce qui concerne les propos que j'ai tenus dans l'émission « Pièces à conviction », je persiste à dire que ma pensée a été volontairement déformée car ce que j'ai voulu dire c'est que la lecture d'un budget ou d'un compte d'exploitation n'est pas à la portée de tout le monde car il convient d'avoir une formation comptable.

4) Toute ma carrière professionnelle a toujours été en faveur de la liberté de la presse, de la défense des journalistes et de la protection de leurs sources. Je ne vois donc aucune contradiction en cela.

5) Je n'accepte pas que vous mettiez ma probité en cause. J'ai consacré 25 ans de ma vie à diriger deux grands groupes (14 ans pour *Le Dauphiné* et 11 ans pour *Le Progrès*). J'ai contribué au redressement de ces deux titres pour en faire une référence en terme d'informations quotidiennes régionales. Je ne suis jamais intervenu pour quelque raison que ce soit auprès des rédactions, qui en toute hypothèse, ne l'auraient jamais accepté.

Comme vous le savez, la direction générale d'un titre et la rédaction sont deux entités bien différentes. Quant à M. CARIGNON, ses fonctions passées (notamment de ministre) lui ont toujours permis d'avoir un réseau passé et actuel qui lui permet d'être bien traité dans la presse.

Soyez assuré, cher Monsieur, de mes salutations distinguées.

4.
Tableau de rémunération des fonctionnaires du Sénat en 2011

	La 1ère année	Après 10 ans	Fin de carrière
Agents (nettoyage, accueil, visites du Palais, etc.)	3000	4000	6250
Secrétaires de direction	3500	4670	7170
Administrateurs adjoints (services administratifs et législatifs)	4080	5420	8500
Administrateurs (en commission, en séance, etc.)	5000	7920	13330

5.
Réponse de la présidence du Sénat à nos questions (19 avril 2016)

Question n° 1 : En pourcentage et en masse monétaire, de combien a diminué le budget du Sénat entre 2008 et aujourd'hui ?

En euros constants :

– les dépenses totales (investissement et fonctionnement) de l'exercice 2015 sont inférieures de 18,90 M€ à celles de 2008 (- 5,4 %) ;

– les dépenses de fonctionnement de l'exercice 2015 sont inférieures de 28,80 M€ à celles de 2008 (- 8,3 %) ;

– la dotation versée par l'État en 2015 est inférieure de 28,20 M€ à celle de 2008.

Question n° 2 : Sur quelles rubriques ces économies ont-elles principalement porté ?

Les dépenses de fonctionnement ont baissé de 5 120 365 euros de 2008 à 2015, soit -1,6 % en euros courants (si on tient compte de l'érosion monétaire due à l'inflation, la baisse est de 8,3 %). Parmi elles, la rémunération des fonctionnaires (et les charges associées) a baissé de 7,4 % en euros courants (- 13,6 % en tenant compte de l'érosion monétaire), les frais postaux et de télécommunications de 33,7 % en euros courants (et 38,2 % en euros constants) et les relations publiques et publications de 82 % en euros courants (notamment l'organisation de manifestations et expositions, qui est passée de 1,74 M€ à moins de 200 000 euros, soit une diminution de 89 %).

***Question n° 3** : En gros, les départs à la retraite des fonctionnaires du Sénat depuis 2008 ont-ils été intégralement remplacés en nombre de postes ?*

De 2008 à 2015, 84 emplois de fonctionnaires ont été supprimés, notamment dans le cadre des agents (48 suppressions) et celui des assistants de direction (23 suppressions). Compte tenu de 14 créations d'emplois sur la même période, le nombre de suppressions nettes d'emplois a été de 70, soit une baisse des effectifs de près de 6 % sur la période.

***Question n° 4** : En 2000, Alain Méar, directeur de cabinet du président du Sénat, déclarait que le Sénat coûtait 26 francs (soit 4 euros 2015) à chaque Français, soit l'équivalent d'un paquet de cigarettes à l'époque. Qu'en est-il aujourd'hui ?*

D'après le convertisseur de l'INSEE, 26 francs de 2000 représentent 4,95 euros 2015. Aujourd'hui, la dotation versée par l'État (323,58 M€) rapportée à la population française (66 627 602 habitants, source INSEE), donne 4,86 euros/habitant. Si l'on considère que le paquet de cigarettes coûte aujourd'hui en moyenne 7 euros, le coût du Sénat ne représenterait plus aujourd'hui pour chaque Français que l'équivalent par an de deux tiers d'un paquet de cigarettes.

***Question n° 5** : En 2000, le budget global de la présidence était de 12 MF (soit 1,83 M€ 2015), dont 3,2 MF (488 000 euros) pour les frais de réception. Qu'en est-il aujourd'hui de ces deux dépenses ?*

En 2000, la structure du budget du Sénat était différente. La présidence ne disposait pas, en pratique, d'un budget propre et la réponse de l'époque a donc été faite à périmètre différent.

D'après le convertisseur INSEE, 12 MF de 2000 équivalent à 2,289 M€ 2015 ; et 3,2 MF équivalent à 610 000 euros.

Ces précisions étant apportées, le total des dépenses de la présidence a été, en 2015, de 3,619 M€. En 2010, première année où la présidence était dotée d'un budget propre, ses dépenses se montaient à 3,409 M€ (soit l'équivalent de 3,599 M€ de 2015).

Au sein de ces dépenses, les dépenses de réception ont représenté en 2015 97 134 euros (soit une diminution de 84 % par rapport à 2000).

***Question n° 6** : Est-il exact que les anciens sénateurs n'ont plus droit au remboursement à 50 % de leurs transports aériens ou ferroviaires et qu'une participation de 25 % aux déplacements des groupes d'amitié est exigée de la part de chaque sénateur intéressé ?*

Les anciens sénateurs peuvent bénéficier à leur demande du remboursement de la carte senior.

Les membres honoraires du Sénat (*liste réponse 17*) et du Parlement peuvent bénéficier à leur demande du remboursement de billets de train ou d'avion dans la limite de 3 000 euros par an.

Les membres honoraires du Sénat et du Parlement, anciens élus d'outre-mer, peuvent bénéficier à leur demande, par période de trois ans, du remboursement des frais de voyage entre Paris et l'ancien lieu d'élection dans la limite de trois passages (aller ou retour) en classe économique.

Concernant les déplacements des groupes d'amitié, il est effectivement demandé une participation de 25 % aux sénateurs pour les frais de transport et de séjour.

***Question n° 7** : Les sénateurs et notamment les dignitaires ou autorités du Sénat voyagent-ils en première classe ou business uniquement sur les vols long-courriers de nuit ou sur tous les vols ?*

Depuis juillet 2014, dans le cadre des missions parlementaires, les sénateurs, quelles que soient leurs fonctions, voyagent en classe économique pour les vols courts et moyen-courriers (- 5 heures de vol) et en affaires pour les vols long-courriers (+ 5 heures) ; la première classe n'est pas autorisée depuis 2009.

***Question n° 8** : Le nombre de voitures de fonction du Sénat a-t-il diminué depuis 2008 en nombre et en catégorie de cylindrée ? De combien ?*

Le nombre de véhicules en parc (en service ou en réserve) destiné au transport des sénateurs est passé de 87 en 2008 à 72 en 2015.

En termes de cylindrée, 46 véhicules V6 (3,0 l ou 3,5 l) étaient décomptés en 2008. Il en subsiste 28 en 2015, la moyenne d'âge du parc du Sénat est supérieure à sept ans.

Les véhicules achetés au cours des dernières années ont des cylindrées comprises entre 1,6 l et 2,0 l. En outre, quatre Renault Zoé électriques ont été acquises en 2015 (voir ci-dessous).

***Question n° 9** : La flotte du Sénat comporte-t-elle aujourd'hui des véhicules hybrides, des scooters ou vélos électriques, des vélos et des voitures de marque étrangère ?*

La flotte du Sénat comporte 4 véhicules électriques Renault Zoé pour le transport des sénateurs. Elle ne dispose d'aucune voiture de marque étrangère.

La flotte du Sénat ne comporte pas de vélos ou de scooters.

***Question n° 10** : Le nombre des voitures de fonction avec chauffeur attribuées à certains des sénateurs dignitaires ou autorités du Sénat (2 pour le président, 8 pour les vice-présidents, 7 pour les présidents de commission, 5 pour les présidents de groupes politiques et 3 pour les questeurs) était de 25 en 2008. Quel est ce chiffre aujourd'hui ?*

Le nombre de voitures de fonction attribuées aux autorités du Sénat était, en octobre 2008, de 31 (9 et non 7 pour les commissions, 7 et non 5 pour les groupes et 2 pour les anciens présidents du Sénat en vertu d'une disposition abrogée pour l'avenir en novembre 2008).

Il y a actuellement 3 véhicules attribués au président et à sa sécurité, 7 aux vice-présidents, 3 aux questeurs, 6 aux groupes politiques, 9 aux présidents et rapporteurs généraux des commissions, 1 à un ancien président du Sénat, soit un total de 29, soit encore une diminution de 2 voitures en dépit de la création d'une commission supplémentaire (commission de l'Aménagement du territoire et du Développement durable), d'un poste de rapporteur général (commission des Affaires sociales) et d'un groupe supplémentaire (voir réponse à la question n° 11 ci-dessous).

Les présidents du Sénat, élus depuis le 1er octobre 2008, ne bénéficient plus d'un véhicule de fonction au terme de leur mandat de sénateur.

***Question n° 11** : Le président du groupe écologiste, Jean-Vincent Placé, était-il bien privé de voiture de fonction avec chauffeur par mesure d'économie ?*

Selon la réglementation, le président du groupe écologiste, qui comporte moins de 15 membres, ne dispose pas d'un véhicule avec chauffeur.

***Question n° 12** : À l'inverse, pourquoi la questure et le bureau du Sénat ont-ils attribué une voiture de fonction avec chauffeur à M. Jean-Pierre Raffarin, en tant que président de la commission des Affaires étrangères et de la Défense, alors qu'il bénéficie déjà d'une voiture de fonction avec chauffeur à vie en tant qu'ancien Premier ministre ?*

Comme tout président de commission, le président de la commission des Affaires étrangères, de la Défense et des

Forces armées du Sénat bénéficie de la mise à disposition d'une voiture du Sénat dont, en vertu de l'arrêté du bureau du 22 février 2012, il a « la libre disposition, pour lui-même ou l'un de ses collègues » dans le cadre de ses fonctions. M. Jean-Pierre Raffarin n'utilise cette voiture que pour des déplacements à Paris. La voiture attribuée au titre d'ancien Premier ministre est localisée en province dans son département d'élection. Elle n'est utilisée que pour les déplacements locaux ou les missions nationales.

***Question n° 13** : Est-ce que l'un de ces dignitaires ou autorités peut rouler dans une voiture de fonction de petite cylindrée style Clio ou 206 ?*

Dans le cadre de la mutualisation des véhicules, les voitures des autorités peuvent être mises à la disposition des autres sénateurs et les véhicules dédiés au transport dans Paris, comme les Zoé, peuvent être utilisés pour le déplacement des autorités.

***Question n° 14** : En 2008, le salaire mensuel minimum d'un employé du Sénat s'élevait à environ 2 300 euros nets. Cette rémunération nette est de combien aujourd'hui ?*

La rémunération mensuelle minimale d'un fonctionnaire du Sénat est aujourd'hui de 2 503 euros. Le chiffre de 2 300 euros en 2008 correspond à 2 467 euros 2015. Il convient de rappeler que la valeur du point d'indice de la fonction publique, en référence à laquelle est calculée la rémunération des fonctionnaires, a été relevée à cinq reprises entre 2008 et juillet 2010.

***Question n° 15** : 44 sénateurs dignitaires ou autorités du Sénat perçoivent, à ce titre, outre l'indemnité de fonction n° 1 (1 420 euros) allouée à chaque sénateur, une indemnité de fonction n° 2. Le montant brut mensuel de cette indemnité de fonction est de :*

– 7 057,33 euros pour le président du Sénat ;

– 2 030,64 euros pour les 8 vice-présidents, etc.

Pour quelles raisons et en vertu de quel texte de loi ces indemnités de fonction n° 1 et n° 2 échappent-elles à toute imposition sur le revenu, alors que les indemnités de fonction des élus locaux et salariés du privé restent soumises à l'impôt sur le revenu ? À quelle année remonte cette décision de permettre aux parlementaires français (les députés, ministres et le président de la République jouissent aussi de ce privilège) d'échapper ainsi à l'impôt sur le revenu ?

L'article 81 du code général des impôts (CGI), applicable aux parlementaires comme à plusieurs catégories de contribuables, dispose que « sont affranchies de l'impôt [sur le revenu] les allocations spéciales destinées à couvrir les frais inhérents à la fonction ou à l'emploi et effectivement utilisées conformément à leur objet. (...) ».

La loi de finances rectificative pour 1992 a remplacé le taux d'imposition de 55 % en vigueur depuis 1920 sur l'ensemble de l'indemnité parlementaire (y compris l'indemnité de fonction) par un régime différent selon les éléments qui la composent : l'indemnité parlementaire de base et l'indemnité de résidence sont, depuis le 1er janvier 1993, intégralement imposables. L'indemnité de fonction ne l'est pas, ce qui est exprimé dans l'article 81 du CGI.

Le même article du CGI s'applique aux mandats des élus locaux, pour lesquels est déterminée une « fraction représentative de frais d'emploi », qui était, pour 2015, de 646,25 euros par mois pour un mandat, et de 969,38 euros par mois pour plusieurs mandats (à comparer aux 1 420,03 euros de l'indemnité de fonction des parlementaires).

Question n° 16 : *Où en est le projet, un temps évoqué avec le président de l'Assemblée nationale, de confondre indemnités de fonction et Irfm et de soumettre l'ensemble à l'impôt ?*

En mars 2015, quand le bureau a complété les règles portant sur la gouvernance du Sénat, il a également décidé de mettre en place un groupe de travail chargé de « réfléchir aux aménagements à apporter au régime indemnitaire des parlementaires et à la révision, à cet effet, de l'ordonnance portant loi organique du 13 décembre 1958 relative à l'indemnité des membres du Parlement ».

Ce groupe de travail est composé de M. Jean-Léonce Dupont, questeur, Mme Jacqueline Gourault, vice-présidente, et M. Claude Bérit-Débat, vice-président.

Sa réflexion doit englober les différents aspects du régime indemnitaire des parlementaires dont font partie les sujets évoqués par la question.

Ce groupe de travail a interrogé d'autres assemblées parlementaires de pays de l'Union européenne pour savoir quelles sont les règles appliquées à leurs membres en la matière.

Lorsque cette enquête sera achevée, ils s'appuieront sur ses résultats pour faire des propositions au bureau du Sénat.

***Question n° 17** : Comment est accordé le statut de sénateur honoraire ?*

Selon quels critères ? Par qui cet honorariat est-il conféré ? Quelles prérogatives sont-elles attachées à cet honorariat ? Quels avantages matériels (billets de train, d'avion, accès au restaurant du Sénat...) ? Des indemnités ? Un complément de retraite ? Combien y a-t-il de sénateurs honoraires ?

Le titre de « membre honoraire du Parlement » est conféré aux anciens sénateurs comptant au moins dix-huit ans de mandat parlementaire. Ceux d'entre eux qui comptent au moins dix-huit ans de mandat sénatorial portent le titre de « sénateur honoraire, membre honoraire du Parlement ».

Les anciens sénateurs comptant au moins quinze ans de mandat parlementaire, dont huit ans au moins de mandat sénatorial, ont le titre de « membre honoraire du Sénat ».

L'attribution de l'honorariat à un ancien sénateur intervient de plein droit, sans aucune formalité.

On dénombre aujourd'hui 149 membres honoraires du Parlement (dont 113 sénateurs honoraires, membres honoraires du Parlement) et 33 membres honoraires du Sénat.

Les membres honoraires du Sénat et du Parlement peuvent bénéficier à leur demande du remboursement de billets de train ou d'avion dans la limite de 3 000 euros par an ; ils peuvent bénéficier à leur demande, par période de trois ans, du remboursement des frais de voyage entre Paris et l'ancien lieu d'élection dans la limite de trois passages (aller ou retour) en classe économique.

En dehors des remboursements de frais de transport ne sont attachés à l'honorariat aucune prérogative ou indemnité, aucun avantage matériel ou complément de retraite.

***Question n° 18** : À qui, sénateurs ou collaborateurs, le Sénat accorde-t-il des prêts ? Quel est l'encours de ces prêts ? Quel peut être l'objet de ces concours ? Quels sont les critères d'attribution ? Quelles sont les conditions de ces prêts (montant par rapport à l'opération, taux, durée...) ? Quelle est la procédure d'attribution ? Qui décide l'attribution d'un prêt ?*

Depuis le 12 décembre 2013, les sénateurs ne peuvent plus bénéficier de prêts du Sénat, qui existaient depuis 1953.

L'encours restant à rembourser pour les prêts accordés avant cette date est d'environ 15 M€, en baisse rapide.

Sous réserve de ne pas dépasser une capacité d'endettement de 33 % de leur revenu, les fonctionnaires titulaires peuvent demander à bénéficier d'un prêt dans trois cas :

– pour l'achat de leur résidence principale : prêt plafonné à 259 000 euros, remboursable sur vingt-cinq ans au taux de 2,5 % ;

– pour un prêt d'équipement (travaux ou achat d'un véhicule) : prêt plafonné à 24 000 euros, remboursable sur cinq ans au taux de 2,5 % ;

– pour un prêt d'études pour un enfant : prêt plafonné à 20 000 euros, remboursable sur huit ans au taux du livret A.

L'encours de ces prêts est d'environ 75 M€, là aussi en diminution rapide dans la mesure où le taux proposé pour le prêt immobilier était, dans la période récente, supérieur aux taux de marché.

Les demandes de prêts sont instruites par la Direction des affaires financières et sociales (DAFS) et soumises à MM. les questeurs, qui prennent la décision d'accorder ou non le prêt.

Question n° 19 *: Dans quelles conditions un sénateur ou une sénatrice peut-il être excusé ? Maladie, accident, longue maladie, événement familial grave empêchant le parlementaire de se déplacer, maternité, mission temporaire confiée par le gouvernement, participation aux travaux des assemblées internationales en vertu d'une désignation faite par le Sénat, en cas de session extraordinaire absence de la métropole et cas de force majeure appréciés par décision du bureau.*

Pour le décompte des absences susceptibles de donner lieu à retenue financière, les dérogations prévues par l'article 23 bis du règlement du Sénat sont :

– la participation d'un sénateur aux travaux d'une assemblée internationale en vertu d'une désignation faite par le Sénat ou à une mission outre-mer ou à l'étranger au nom de la commission permanente dont il est membre, assimilée à une présence en séance ou en commission ;

– la maternité ou une longue maladie.

En outre, sur instruction du président du Sénat, sont également considérés comme présents en séance ou en commission, pour l'application de l'article 23 bis du règlement, les sénateurs appelés à représenter le Sénat, soit à la demande du président du Sénat, soit à la demande du président de la commission permanente dont ils sont membres.

Ces dérogations sont plus restrictives que les cas dans lesquels l'article 63 du règlement prévoit la possibilité pour un sénateur de déléguer son vote, à savoir :

– maladie, accident ou événement familial grave empêchant le parlementaire de se déplacer ;

– mission temporaire confiée par le gouvernement ;

– service militaire accompli en temps de paix ou en temps de guerre ;

– participation aux travaux d'une assemblée internationale en vertu d'une désignation faite par le Sénat ;

– en cas de session extraordinaire, absence de la métropole ;

– en cas de force majeure, décision du bureau du Sénat.

Question n° 20 : Lorsqu'un sénateur est en longue maladie, le versement de son indemnité parlementaire est-il pris en charge par la Sécurité sociale et le versement de son Irfm est-il supprimé ?

Lorsqu'un sénateur est en longue maladie, les versements de son indemnité parlementaire et de son Irfm sont maintenus.

***Question n° 20 bis** : L'Irfm est-elle versée aux sénateurs en dehors des sessions ordinaires ou extraordinaires du Sénat ?*

Le mandat des sénateurs ne s'interrompt pas hors des sessions. L'Irfm leur est donc versée chaque mois.

***Question n° 21** : En matière d'Irfm et de frais, les sénateurs d'outre-mer sont-ils traités exactement comme leurs collègues élus dans l'Hexagone ?*

En matière d'Irfm, il n'y a pas de différence entre les sénateurs d'outre-mer et le reste de leurs collègues.

Concernant la prise en charge de frais et pour tenir compte de l'éloignement entre Paris et leur circonscription, la situation des sénateurs d'outre-mer présente 3 spécificités :

– ils peuvent demander la prise en charge (sur facture justificative) d'un loyer à Paris dans la limite de 10 080 euros par an. Ce dispositif est alternatif de la prise en charge de chambres d'hôtel ;

– s'agissant de leurs droits à transport, ils bénéficient d'un crédit annuel équivalent à 12 vols aller-retour par an entre Paris et leur département ou collectivité d'élection, contre la prise en charge de 40 vols aller-retour Paris-circonscription pour les sénateurs métropolitains ;

– ils bénéficient d'un forfait téléphonique majoré (11 350 euros contre 7 300 euros) pour les sénateurs métropolitains.

***Question n° 22** : Un dignitaire ou autorité du Sénat (questeur, vice-président, président de groupe politique, de* *commission, de délégation et secrétaire) peut-il être sanctionné comme tout sénateur ?*

La retenue prévue par l'article 23 bis du règlement du Sénat est applicable à tous les sénateurs. Il ne s'agit pas d'une sanction mais d'une retenue financière liée à des non-présences à certains moments clés de l' parlementaire (scrutins publics solennels, questions d'actualité au gouvernement, réunions législatives des commissions le mercredi matin).

***Question n° 23** : Selon les propos du président du Sénat lors de sa conférence de presse du 13 janvier dernier, plus de 84 % des sénateurs ont participé aux travaux des commissions pendant le dernier trimestre 2015. Ce chiffre veut-il bien dire que 84 % des sénateurs ont assisté, pendant les mêmes trois mois, à la moitié au moins des séances des 7 commissions permanentes qui ont lieu le mercredi, le lundi, le mardi et quelquefois exceptionnellement le jeudi ? Les 16 % des sénateurs restant, soit environ 70 parlementaires, auraient-ils ainsi participé à moins de la moitié des séances des commissions permanentes le mercredi, le lundi, le mardi et quelquefois le jeudi ?*

Le taux de 84 % est un taux de présences moyen aux réunions législatives de commission du mercredi matin.

	Moyenne dernier trimestre 2015
Affaires économiques	87,18 %
Affaires étrangères	79,70 %
Affaires sociales	85,96 %

Culture	79,95 %
Aménagement du territoire	79,81 %
Finances	85,31 %
Lois	85,51 %
Moyenne	83,36 %

Question n° 24 *: Selon les propos du président du Sénat lors de sa conférence de presse du 13 janvier dernier, plus de 74 % des sénateurs ont participé aux 11 séances de questions d'actualité au gouvernement le mardi et le jeudi après-midi, en alternance chaque semaine, au dernier trimestre 2015. Cela voudrait donc dire que 26 % des sénateurs, soit environ 90 parlementaires, ont participé à moins de la moitié de ces séances ? Les sénateurs non assidus n'étaient-ils pas beaucoup plus nombreux à être absents lors des questions orales avant la mise en place des sanctions visant l'absentéisme ?*

Le taux de 74 % est un taux de présences moyen aux 11 séances de questions d'actualité au gouvernement du dernier trimestre 2015. Il correspond à une moyenne de 257 sénateurs présents.

Pour le premier trimestre 2016, ce taux a augmenté, passant à 79 %, ce qui correspond à une moyenne de 276 sénateurs présents.

Avant la réforme, pour le trimestre d'avril à juin 2015, le taux de présences moyen aux questions d'actualité au gouvernement était de 36 % (correspondant à une moyenne de 125 sénateurs présents).

Séances de questions au gouvernement	Nombre de présents	Taux des présences (%)
jeudi 1er octobre 2015	222	63,8 %
mardi 6 octobre 2015	306	87,9 %
jeudi 15 octobre 2015	218	62,6 %
mardi 20 octobre 2015	282	81,0 %
jeudi 29 octobre 2015	217	62,3 %
mardi 3 novembre 2015	292	83,9 %
jeudi 12 novembre 2015	227	65,2 %
mardi 17 novembre 2015	328	94,3 %
jeudi 26 novembre 2015	227	65,2 %
jeudi 10 décembre 2015	211	60,6 %
mardi 15 décembre 2015	287	82,5 %
Moyenne des présences	**256**	**73,6 %**

Séances de questions au gouvernement	Nombre de présents	Taux des présences (%)
jeudi 14 janvier 2016	248	71,3 %
mardi 19 janvier 2016	310	89,1 %
jeudi 28 janvier 2016	229	65,8 %

mardi 2 février 2016	304	87,4 %
jeudi 11 février 2016	254	73 %
mardi 16 février 2016	308	88,5 %
mardi 1er mars 2016	304	87,4 %
mardi 8 mars 2016	284	81,6 %
jeudi 17 mars 2016	249	71,6 %
mardi 22 mars 2016	320	92 %
jeudi 31 mars 2016	223	64,1 %
Moyenne des présences	**276**	**79,25 %**

***Question n° 25** : Les tables d'émargement (où chaque sénateur signe à son nom) sont-elles situées réglementairement à l'entrée de chaque salle de commission ou à l'intérieur de sa salle ? Cette décision de mise en place est-elle laissée à l'initiative de chaque président de commission comme à l'Assemblée nationale ?*

Les présences des sénateurs en commission sont relevées par les fonctionnaires de la commission sous le contrôle des responsables du secrétariat de la commission, en vue de la publication de la liste des sénateurs présents au *Journal officiel*. Il n'est pas demandé aux sénateurs d'émarger une liste de présences et par conséquent il n'y a pas de table d'émargement en commission.

Les présences des sénateurs en séance plénière sont relevées par les huissiers.

***Question n° 26** : Chaque commission du mercredi se déroule en une, deux, trois ou même quatre séances séparées par des suspensions de séances ? Suffit-il d'assister à l'une de ces séances pour être considéré comme présent ?*

La réunion de commission du mercredi matin est considérée comme une seule réunion, quel que soit le nombre de projets ou propositions de loi qu'elle examine.

Est donc comptabilisé comme présent un sénateur qui a participé à cette réunion.

***Question n° 27** : Lorsqu'un sénateur délègue à l'un de ses collègues son droit de vote en commission permanente ou lors d'un vote solennel dans l'Hémicycle, est-il comptabilisé présent, excusé ou absent ? Peut-il déléguer en permanence son droit de vote à la même personne ?*

Un sénateur est comptabilisé comme présent en commission s'il est effectivement présent à une réunion de commission, qu'il ait ou non délégué son vote (article 23 bis du règlement du Sénat).

Pour ce qui concerne les scrutins solennels, l'article 23 bis du règlement du Sénat prend en compte l'absence aux « votes, y compris les explications de vote, sur les projets de loi et propositions de loi ou de résolution déterminés par la Conférence des présidents ».

Aux termes de sa décision du 11 juin 2015 sur la résolution du 13 mai 2015, le Conseil constitutionnel a considéré que pour le calcul des retenues, « un sénateur votant par délégation ne saurait être considéré comme absent lors d'un vote ; que cette réserve ne vaut pas pour les explications de vote ».

Un sénateur qui a délégué son vote pour un scrutin solennel en séance n'est donc comptabilisé comme présent pour l'application de l'article 23 bis du règlement que s'il a assisté aux explications de vote précédant le vote.

Un sénateur peut déléguer son vote au collègue de son choix. Les délégations sont prévues pour une journée.

Question n° 28 *: Toujours selon les propos du président du Sénat lors de sa conférence de presse du 13 janvier dernier, plus de 87 % des sénateurs ont participé aux scrutins publics solennels durant le dernier trimestre 2015. Ce qui voudrait dire que 45 sénateurs ont participé à moins de la moitié de ces scrutins ?*

Le taux de 87 % est un taux de présences moyen aux scrutins solennels du dernier trimestre 2015. Il correspond à une présence moyenne de 301 sénateurs.

Pour le premier trimestre 2016, ce taux s'établit à 88 %, ce qui correspond à une présence moyenne de 307 sénateurs.

Séances	Nombre de présents	Taux des présences (%)
PJL Santé (6 octobre 2015)	304	87,4 %
PJL Droit des étrangers (13 octobre 2015)	286	82,2 %

PLFSS 2016 (17 novembre 2015)	325	93,4 %
PJLF 2016 (8 décembre 2015)	289	83,0 %
Moyenne des présences (scrutins solennels)	301	86,5 %

Séances	Nombre de présents	Taux de présences (%)
PJL Biodiversité (26 janvier 2016)	298	85,6 %
PJL Création (1er mars 2016)	303	87,1 %
PJL Protection de la Nation (22 mars 2016)	320	92 %
Moyenne des présences (scrutins solennels)	307	88,2 %

***Question n° 29** : Quel a été pendant le dernier trimestre 2015 le nombre total de scrutins solennels choisis (par la conférence des présidents) auxquels les sénateurs de l'Hexagone devaient assister pour moitié et leurs collègues ultramarins à hauteur des 2/3 ?*

Les scrutins solennels ont été au nombre de quatre au cours du dernier trimestre 2015 :

– scrutin du 6 octobre sur le projet de loi de modernisation de notre système de santé ;

– scrutin du 13 octobre sur le projet de loi relatif au droit des étrangers en France ;

– scrutin du 17 novembre sur le projet de loi de financement de la Sécurité sociale pour 2016 ;

– scrutin du 8 décembre sur le projet de loi de finances pour 2016.

***Question n° 30** : Toujours selon les propos du président du Sénat lors de sa conférence de presse du 13 janvier dernier, les sénateurs sanctionnés figurent parmi l'une de ces trois catégories d'absents pour manque d'assiduité en commission, aux scrutins publics solennels ou aux questions d'actualité au gouvernement. Cela veut-il bien dire qu'aucun des 14 parlementaires sanctionnés ne l'a été pour deux ou trois de ces raisons en même temps ?*

Les retenues – et non les sanctions – ont été appliquées à ces 14 sénateurs en application du 7 de l'article 23 bis du règlement du Sénat, c'est-à-dire pour absence au cours du dernier trimestre de l'année 2015 :

– soit à plus de la moitié (ou les deux tiers pour les sénateurs d'outre-mer) des votes solennels sur les textes déterminés par la Conférence des présidents ;

– soit à plus de la moitié (ou les deux tiers pour les sénateurs d'outre-mer) des réunions législatives des commissions du mercredi matin ;

– soit à plus de la moitié (ou les deux tiers pour les sénateurs d'outre-mer) des séances de questions d'actualité au gouvernement.

Aucune retenue n'a été effectuée pour non-respect cumulatif de ces trois seuils de présence.

***Question n° 31** : Les tableaux d'activités de chaque sénateur publiés sur le site du Sénat sont-ils établis par l'administration du Sénat ou par l'intéressé lui-même ? Nous vous posons cette question, car il y a des erreurs de jour évidentes (le mercredi remplace un mardi par exemple) par rapport aux dates du calendrier. Ce qui donne un caractère un peu amateur à certains de ces tableaux.*

Comme le précise la FAQ figurant sur le site, ce sont les services qui relèvent la participation des sénateurs aux activités en commissions, en délégations ou en groupes d'études, ou au sein des instances internationales. En séance publique, cette tâche incombe aux huissiers.

La lecture attentive des pages du tableau ne nous a pas permis de déceler une telle erreur sur le calendrier.

6.
Situation matérielle des sénateurs[1]

Chaque élu perçoit une « indemnité parlementaire » composée de trois éléments : *l'indemnité parlementaire de base*, équivalente à la moyenne du traitement le plus bas (lettre A) et du traitement le plus haut (lettre G) des fonctionnaires classés dans la catégorie hors échelle (conseillers d'État, préfets, directeurs d'administration centrale) ; *l'indemnité de résidence*, également accordée à tous les agents de la fonction publique, qui représente 3 % du montant mensuel brut de l'indemnité parlementaire de base ; enfin, *l'indemnité de fonction*, égale à 25 % des deux précédentes.

Au 1er janvier 2016, le montant brut mensuel de l'indemnité parlementaire s'élève à 7 100,15 euros et se décompose de la façon suivante : indemnité parlementaire de base : 5 514,68 euros ; indemnité de résidence : 165,44 euros ; indemnité de fonction : 1 420,03 euros. *Ce montant est revalorisé comme les traitements de tous les fonctionnaires, suivant la valeur du point de la fonction publique.*

À l'instar des prélèvements opérés sur les traitements et salaires, l'indemnité parlementaire est soumise à *diverses retenues*. Il convient ainsi de déduire du montant brut les sommes suivantes : Contribution sociale généralisée (CSG)

1. Les indications ci-dessous sont fournies par le site officiel du Sénat, www.senat.fr

et Contribution au remboursement de la dette sociale (CRDS) : 568,01 euros ; Contribution exceptionnelle de solidarité (1 % du traitement affecté aux travailleurs privés d'emploi, conformément à la loi n° 82-939 du 4 novembre 1982) : 56,80 euros ; Cotisation complémentaire à la Caisse autonome de Sécurité sociale des sénateurs : 37,50 euros ; Cotisation à la Caisse des retraites des anciens sénateurs et au régime complémentaire : 1 084,30 euros. *Le net mensuel perçu par les sénateurs s'élève en conséquence à 5 353,54 euros*, montant qui peut être majoré le cas échéant des prestations familiales, équivalentes à celles du régime des salariés.

L'indemnité parlementaire de base ainsi que l'indemnité de résidence sont imposables à l'impôt sur le revenu suivant les règles applicables aux traitements et salaires.

À de rares exceptions près (professeurs d'université...), *l'indemnité parlementaire « est exclusive de toute rémunération publique ».*

Par ailleurs, un sénateur ne peut cumuler son indemnité parlementaire et les indemnités afférentes à d'autres mandats électifs que dans la limite d'une fois et demie le montant brut de l'indemnité parlementaire de base, soit 8 272,02 euros au 1er février 2015. *Un parlementaire ne peut donc percevoir plus de 2 757,34 euros au titre de ses mandats locaux.* Cette somme s'entend déduction faite des versements obligatoires aux régimes d'assurance-maladie et d'assurance-vieillesse.

Les sénateurs non réélus peuvent prétendre au versement d'une *allocation d'aide au retour à l'emploi mensuelle et dégressive.* Cette allocation peut être versée *jusqu'à l'âge légal d'ouverture du droit à la retraite (de 60 à 62 ans suivant les générations)* aux anciens sénateurs dont le revenu brut mensuel est inférieur au montant de l'indemnité parlementaire de base.

Versée au maximum pendant six semestres, elle est égale à la différence entre le plafond de référence, qui décroît à chaque trimestre, et le revenu brut mensuel de l'ancien sénateur (y compris les rémunérations attachées à l'exercice de mandats électifs).

Elle est soumise à cotisations sociales et à l'impôt sur le revenu.

À côté de l'indemnité parlementaire assimilable à un traitement, existent des allocations spécifiquement destinées aux remboursements de frais occasionnés par l'exercice du mandat.

L'Indemnité représentative de frais de mandat (Irfm) est ainsi destinée à couvrir les frais inhérents à l'exercice des fonctions parlementaires. Assujettie à la CSG et à la CRDS et indexée sur l'évolution de la valeur du point de la fonction publique, cette indemnité mensuelle s'élève à 6 037,23 euros nets au 1er février 2015. Elle n'est pas soumise à l'impôt sur le revenu.

Rémunération des collaborateurs. Les sénateurs peuvent, depuis 1976, utiliser les services de collaborateurs pour les seconder dans les tâches personnelles directement liées à l'exercice du mandat.

Ils disposent à cet effet d'un crédit mensuel de 7 548,10 euros pour la rémunération brute de base de leur équipe qui peut comprendre un maximum de cinq salariés.

Ce crédit est indexé sur la valeur du point de la fonction publique.

Le sénateur a la qualité d'employeur : il recrute, organise l'activité de son/ses collaborateur(s) et peut résilier son/leur contrat de travail, dans le respect des règles de droit privé du travail et de la protection sociale et des règles complémentaires définies par le bureau du Sénat et le Conseil de questure. Les critères de recrutement sont laissés à la discrétion du sénateur, seul le baccalauréat, ou quinze années d'expérience professionnelle, étant obligatoire.

Au 1er février 2015, la rémunération mensuelle moyenne brute de base d'un collaborateur employé à temps plein s'élève à 3 114 euros.

Équipement informatique. Chaque sénateur dispose d'une dotation micro-informatique pour son équipement de bureau (« dans la limite d'un plafond de 5 000 euros pour une période de trois ans », explique le sénateur Alain Anziani sur son blog).

Communications. Les sénateurs disposent d'un forfait global de communications téléphoniques prises en charge par le Sénat. 7 300 euros dans l'Hexagone, 11 350 euros pour les parlementaires ultramarins.

La correspondance est affranchie aux frais du Sénat à condition qu'elle ne soit pas d'ordre privé ou qu'elle présente un caractère général. Un bureau de Poste est ouvert à l'intérieur du palais du Luxembourg. Il fournit aux sénateurs les services habituels d'une agence postale et chacun y dispose d'un casier postal.

Transports. Le Sénat délivre à tous les sénateurs une carte nominative qui permet l'accès gratuit à l'ensemble du réseau SNCF en 1re classe. Ils ont également droit à 40 allers-retours aériens par an entre Paris et leur circonscription en métropole. Les sénateurs élus d'outre-mer et ceux représentant les Français établis hors de France disposent de forfaits adaptés.

Les frais de taxi ainsi que les frais de péage peuvent être remboursés dans la limite d'un forfait annuel. À défaut, pour leurs déplacements de courte durée liés à l'exercice de leur mandat dans Paris et les communes limitrophes, les parlementaires peuvent être conduits par un véhicule du parc automobile du Sénat.

Par ailleurs, les sénateurs peuvent obtenir une *Carte intégrale* sur le réseau de transports franciliens.

Hébergement les jours de séance. Les jours où le Sénat siège, les sénateurs peuvent faire prendre en charge, dans la limite d'un montant plafonné (120 euros par nuit), leur hébergement dans un hôtel à Paris.

Bureau. Chaque sénateur dispose d'un bureau dans l'enceinte du palais du Luxembourg ou ses dépendances.

Autres facilités. Les sénateurs disposent également d'un restaurant, d'un salon de coiffure et d'un kiosque à journaux. Toutes ces prestations sont à leur charge.

Table des matières

Annexes

Achevé d'imprimer par CPI,
en septembre 2016
N° d'imprimeur : 137485

Dépôt légal : juin 2016

Imprimé en France